Éloge des intellectuels

DU MÊME AUTEUR

BANGLA-DESH : NATIONALISME DANS LA RÉVOLUTION, Maspero, 1973; réédité en 1985, au Livre de Poche, sous le titre LES INDES ROUGES.

LA BARBARIE À VISAGE HUMAIN, Grasset, 1977, et Le Livre de Poche.

LE TESTAMENT DE DIEU, Grasset, 1971.

L'IDÉOLOGIE FRANÇAISE, Grasset, 1981, et Le Livre de Poche.

QUESTIONS DE PRINCIPE I, Denoël, 1983.

LE DIABLE EN TÊTE, Grasset, 1984, et Le Livre de Poche.

IMPRESSIONS D'ASIE, Le Chêne/Grasset, 1985.

QUESTIONS DE PRINCIPE II, Le Livre de Poche, 1986.

BERNARD-HENRI LÉVY

Éloge des intellectuels

GRASSET

PROLOGUE

« LES intellectuels sont-ils coupables? » demandait Sartre dans un *Plaidoyer* fameux. Et, si oui, quel est leur crime? Aujourd'hui, quinze ans ont passé. Il n'y a plus de crime. Plus vraiment de procès. Les intellectuels ne sont ni haïs, ni vilipendés, ni même réellement fustigés comme à l'époque de l'affaire Dreyfus, des années trente ou de la guerre d'Algérie. Et force est de constater, même si leur narcissisme doit en souffrir, qu'ils traversent une crise molle, voilée, comme étouffée.

Disons, pour fixer les idées, une disgrâce. Un discrédit. Une disqualification sourde, sans mots ni vraies raisons, qui fait que, pour la première fois, cette France qui les a inventés, portés aux nues, traînés dans la boue, mais toujours avec passion, ne sait plus qu'en faire ni qu'en penser. Se taisent-ils, elle les somme de parler. Parlent-ils, elle les somme de se taire. Se taisent-ils à nouveau – pour, par exemple, travailler – elle voit dans leur silence une insupportable désertion. Les intellectuels ont connu des époques noires. Ils ont mené des batailles autrement plus dramatiques. Jamais, cependant, ils n'avaient éprouvé semblable sentiment d'*irréalité*.

Le signe le plus patent du malaise c'est, bien entendu, la singulière faveur dont jouissent au même moment les fameuses « nouvelles stars » des affaires, de la chanson, ou du monde du spectacle. Voilà des gens sympathiques. Charismatiques en diable. Voilà des hommes qui ont parfois plus fait pour l'honneur de notre temps que bien des clercs grincheux. Fallait-il pour autant les sacrer maîtres à penser? Fallait-il leur reconnaître cette direction de conscience d'un nouveau style que, du reste, ils ne réclamaient pas? Et n'y a-t-il pas quelque absurdité à voir, dans la France de Voltaire et de Zola, Renaud remplacer Foucault, Tapie proposer un sens à la vie – ou l'initiative généreuse, mais trop simple, des « restaurants du cœur » devenir le prototype des engagements à venir?

Face à cette situation il y aurait – il y avait – deux attitudes possibles. L'une, démagogique, consisterait à applaudir, à accélérer la débandade, quitte à se faire une petite place – il en restera toujours bien une – dans le parterre des bateleurs. L'autre, frileuse, un rien ridicule, conduirait à se cabrer, à se raidir face à l'outrage et, arc-boutés sur un savoir académique rétabli dans toutes ses prétentions, à réclamer à grands cris, non des gages, mais des titres. J'ai choisi, autant le dire, de n'en choisir aucune des deux. Et soucieux de sauver les chances de la pensée en même temps que de la modernité, j'ai voulu d'abord comprendre – pour, ensuite, une fois mesurée l'ampleur de la crise, ses raisons, ses fondements, réfléchir à la possibilité et aux moyens de la conjurer.

Je précise, à toutes fins utiles, que les intellectuels eux-mêmes ne sont pas, dans cette affaire, exempts de responsabilité; et que c'est, au demeurant, l'un des fermes propos de ces pages que de tenter d'évaluer, sans excès de contrition, mais sans complaisance non plus, la part qu'ils ont pu prendre à leur propre dégradation. Responsabilité ou pas, cependant, les choses en sont là. Et s'il serait assez vain de songer à une « restauration » où le peuple des clercs, paré de ses anciens emblèmes, n'aurait rien appris, rien oublié, il serait tragique, j'en suis tout aussi convaincu, d'accepter sans réagir l'actuelle confusion.

Je ne voudrais pas anticiper. Mais je crois qu'il y a dans ce débat des enjeux qui nous dépassent; je crois que la présence d'intellectuels dans une cité moderne est une clef de la démocratie; et je crois, autrement dit, que si la débâcle se confirmait, si rien ne venait l'arrêter ou en détourner le cours, elle aurait des conséquences funestes sur notre destin à tous. Se souvenir qu'en France au moins – mais c'est de la France qu'il s'agit ici – il n'y a pas d'exemple d'un abaissement des clercs qui n'ait suivi, accompagné ou, le plus souvent, annoncé et précédé des désastres de grande portée.

L'intelligentsia, zone des tempêtes.

I

MALAISE
DANS LA CULTURE

CHAPITRE PREMIER

CONFUSIONS

AVANT tout, donc, comprendre. A croire la rumeur du moment, toute l'explication du malaise tiendrait en un mot, un seul, ressassé jusqu'à la nausée, et dont la mise en procès occupe apparemment tous les esprits : le diable télévision. Je dirai, un peu plus loin, ce que je pense de la télévision. Je dirai pourquoi je l'aime, pourquoi je m'y sens à l'aise. J'expliquerai comment, au lieu de pleurnicher sur la prétendue barbarie dont elle serait l'agent, les intellectuels, mes pairs, feraient mieux d'apprendre à s'en servir et à en maîtriser le langage. Pour l'heure, l'explication me semble surtout très bête. Très à côté des vrais problèmes. Comme si, à force de vitupérer le « nihilisme audiovisuel » dont l'homme moderne serait victime, nos imprécateurs se rendaient méthodiquement aveugles à des bouleversements bien plus complexes...

Si j'avais à retracer, ne fût-ce qu'en quelques lignes, la généalogie du mal, je crois que je commencerais il y a vingt ou vingt-cinq ans, du côté de cette aventure théorique qui s'appelait le « structuralisme » et qui, entre autres mérites, nous forçait à réviser l'idée que nous nous faisions des textes, de leur sens, de leur importance. C'était l'époque des « épistémologies ». C'était l'époque des « archéologies ». C'était le temps où Michel Foucault écrivait tout un livre pour dire qu'aux yeux de l'« archéologue » qu'il voulait désormais être, un texte était un texte, une page valait une page et qu'il n'y avait ni raison ni critère, dans l'innombrable nappe de paroles tenues dans une même période, de privilégier celle-ci au détriment de celle-là. La méthode était féconde. Elle eut très vite des résultats. Mais le fait est que, en même temps, elle avait son effet pervers : en mettant ainsi à plat les événements discursifs contemporains, en traitant sur le même pied, sous le seul et nouveau prétexte qu'ils relevaient du même « socle épistémique », une page de Buffon ou de Copernic et un auteur insignifiant, on faisait un premier pas sur la voie de la banalisation de la culture.

Au même moment, à moins que ce ne fût un peu plus tard, arrivait une autre discipline, contiguë au structuralisme, mais qui disposait de son discours propre et qui, sous le nom de « poétique », proposait le premier traitement « transtextuel » des grands textes littéraires[1]. Il s'agissait bien de littérature cette fois. Il s'agissait bien d'esthétique. Il s'agissait, jusque dans l'ordre du goût, du don ou du plaisir de lire, d'imposer cette étrange idée que, derrière le plus beau des poèmes, aux sources de son avènement, mais aussi de son charme et de son génie, il y avait toujours un « sous-texte », anonyme et muet, qui le gouvernait secrètement et en distribuait tous les effets. Grande idée, là aussi. Indéniable progrès dans notre compréhension des œuvres. Mais indéniable progrès, également, dans leur sous-estimation de fond. Car en les réduisant de la sorte, en les ramenant à leur matrice, en faisant comme si elles obéissaient à des règles et que leurs aspects les plus bouleversants pouvaient eux aussi se calculer, en

1. *Cf.* Gérard Genette, « Comment parler de littérature », *Le Débat*, mars, n° 29.

privilégiant le possible sur le réel, la régularité des fondements sur la singularité des œuvres advenues, on oubliait à nouveau l'essentiel; on effaçait un peu plus la mince mais décisive frontière qui sépare un objet de culture d'un autre qui ne l'est pas.

Plus tard encore, et plus près de nous, ce fut la réhabilitation spectaculaire et, il me semble, sans précédent, de toute cette part « mineure » de la culture qui était, jusque-là, prudemment tenue à l'écart. L'opération eut ses artisans sophistiqués : Deleuze retrouvant chez Kafka le fil d'une langue mineure et, de ce fait, révolutionnaire. Elle eut son versant populiste : tel amateur de terroirs voyant dans les folklores régionaux un foyer de création occulté et, par voie de conséquence, original. Elle a eu son moment politique, presque officiel : ce ministre de la Culture, par ailleurs non dénué de mérite, hissant la mode, la bande dessinée ou le film publicitaire au rang de pratiques culturelles « jeunes » et « modernes ». Dans les trois cas – et quels que fussent les indéniables acquis d'un geste qui attirait en effet l'attention sur des domaines trop ignorés – le résultat était le même. En confondant les genres, en les identifiant les uns aux autres, en faisant comme si rien, vraiment rien, ne permettait plus de distinguer une page de Proust d'un dessin de Manara, une séquence d'Eisenstein d'un clip, une toile de Jackson Pollock d'un graffiti new-yorkais, bref en oubliant que le « mineur » ne peut avoir de sens qu'intégré, subordonné ou subtilement recyclé dans une création « majeure », on faisait encore un pas dans le sens de la confusion.

Et puis il y a eu enfin, par-delà cette affaire de « mineur » et de « majeur », englobant un partage tenu pour définitivement périmé, la non moins spectaculaire dilatation de l'idée de culture elle-même. Ce mouvement-là, il est difficile de le dater. Mais il a, me semble-t-il, précipité son rythme ces derniers temps. La science est une culture... Les techniques sont de la culture... Les gestes, les objets, les mœurs ou la vie des hommes deviennent des éléments de culture... Et il n'est pas jusqu'aux usines ou entreprises dont on ne se mette à découvrir qu'elles sont émettrices, elles aussi, d'authentiques « signaux culturels »... Là encore, ce n'est pas faux. Et il m'est arrivé de dire que si l'on convient d'appeler « culture » l'ensemble des structures signifiantes qui caractérisent une société, alors, et alors seulement, il est légitime de s'intéresser à la culture dite « d'entreprise ». Cela dit, attention! Tout était dans la manière. Tout est, comme à l'accoutumée, dans le souci de s'entendre sur le sens des mots. Et tout le problème commence lorsqu'au terme d'une confusion où la culture au sens de « civilisation » s'identifie à la culture conçue comme « œuvre belle », la même étrange notion de « signal culturel » sert à penser ensemble, sans nul moyen de les distinguer, un emballage de Saint-Gobain et une page de Saint-John Perse.

Ajoutez à tout cela le discrédit sans précédent qui frappe le concept d'« élite ». Ajoutez-y, en littérature, la disparition d'une fonction critique capable, entre les œuvres, et au nom de principes qui seraient les siens, de faire tant soit peu le partage entre ce qui relève du beau et ce qui n'en relève pas. Ajoutez, dans le champ de la peinture, la faveur dont continuent de jouir, vingt ans après Dubuffet, des gestes qui doivent moins à la mémoire de l'art qu'à une fascination pour l'« art brut », le « bad painting », la « culture au quotidien ». Songez à Orsay et au navrant aplatissement des noms, des œuvres ou des tendances dont cet anti-musée – les pompiers au premier, les impressionnistes au grenier – a pris l'initiative. Songez à l'incroyable quantité de bêtises qu'a pu faire proférer l'usage sauvage et mal réglé du concept à la mode de « métissage ». Songez à la démagogie ambiante. Songez à cette idée neuve – et monstrueusement absurde quand on y songe! – de « culture jeune ». Songez à ces étourdis qui, croyant dénoncer la « crétinisation » ambiante, vont partout criant « la Vie! la Vie! la Vie! » quand rien, nous le savons, n'est plus contraire à la culture que le vitalisme échevelé. Et puis songez à cette invraisemblable trouvaille, enfin, tellement typique de l'époque, qu'est la notion de « créateur » : le pubard, le clipman, le styliste de prêt-à-porter et l'héritier de Joyce et de Flaubert tous embarqués dans la même galère, tous rangés sous le même concept!

Tout cela, entendons-nous bien, ne fait pas une apocalypse. Cela ne fait pas une fin du monde. Nous n'en sommes pas, loin s'en faut, à ce grand « dimanche de l'histoire » où tout, « y compris les convulsions du monde », devait désigner, d'après Broch, que l'aventure de l'homme occidental serait en train de s'achever. Et je ne suis même pas sûr de suivre Kundera quand, rappelant que le roman est déjà mort une fois, dans la partie orientale de l'Europe, il redoute qu'il ne meure une seconde fois de ce côté-ci du continent. La culture, en vérité, ne meurt pas, elle se dilue. Elle ne s'éteint pas, elle s'étend. Elle ne disparaît – et ne disparaîtra – pas mais elle perd ses arêtes, ses reliefs, ses frontières. S'il y a malaise c'est que, pour la première fois dans son histoire, elle n'a plus de *définition*.

CHAPITRE II

AU COMMENCEMENT ÉTAIT LE SARTRON

VOYEZ maintenant les idées. Je veux dire le débat des idées. Les vastes discussions politiques, idéologiques, philosophiques dont la France, à nous entendre, aurait le privilège et dont le moins que l'on puisse dire est qu'elles ne brillent guère par leur ardeur. On évoque souvent, pour expliquer cette asthénie, la fin des grandes causes. L'écroulement de nos illusions. On invoque la récente hécatombe de grands intellectuels qui, tombés un à un, comme sous une invisible mitraille, nous auraient laissés orphelins. Il y a de cela, sans doute. Et il me semble en effet que jamais, nulle part, aucune génération n'aura vu s'éteindre si vite les étoiles qui composaient son ciel. L'explication, cela dit, est trop belle. Elle est surtout trop simple. Et elle passe à côté d'un phénomène plus essentiel, quoique plus difficile à isoler – qui, par-delà les uns, les autres ou leurs impossibles successeurs, touche à la façon même dont la Pensée a changé de statut dans ce pays. N'étant pas, tant s'en faut, étranger à cette histoire, je me dois, à nouveau, d'en reconstituer le fil.

Tout a commencé, cette fois, à la fin des années soixante-dix, avec la grande démolition des dispositifs dix-neuviémistes dont nous fûmes quelques-uns à prendre l'initiative. Nous en avions au marxisme.

Nous en avions à l'hégélianisme. Nous espérions battre en brèche un type bien précis d'idéologies dont nous pensions, non sans raison, qu'elles avaient eu partie liée avec le cauchemar totalitaire. Or voici que la mode, les médias, les nécessités de la polémique ou la fatalité de la rumeur faisant tour à tour leur office, on conclut que c'était l'« idéologie » en général qu'il convenait d'incriminer et l'idée même de « système » qu'il fallait proscrire de nos esprits. Guerre, donc, aux systèmes. Guerre à la cohérence. Phobie de tout ce qui, de près ou de loin, pourrait ressembler à un propos global. Et repli sur des pensées pauvres, délibérément modestes et plates, dont on ne puisse surtout plus dire qu'elles visent à la maîtrise. La philosophie, en fait, se condamnait. Echaudée par ses égarements passés, elle décidait de ne plus bouger. Et tout se passait comme si, de peur de se tromper, elle choisissait de ne plus penser.

C'était l'époque où l'on entendait couramment traiter Platon, Aristote, Spinoza, de gardiens de camps. C'était le temps où, dès qu'ils entendaient le mot « système », « idéologie » ou « maître à penser », des inquisiteurs d'un nouveau style sortaient leur revolver antitotalitaire. Peu importe, à ce niveau, qu'il y ait eu malentendu. Peu importe que les principaux acteurs de cette histoire n'aient jamais dit ni voulu rien de pareil. Et tant pis si j'ai, moi-même, dans ces années, multiplié les interventions disant l'éloge de l'Etat de droit, la grâce de la politique, les vertus de la métaphysique ou, au sens propre, du sectarisme. Il arrivait à la « nouvelle philosophie » ce qui arrive en général aux courants d'idées qui réussissent. Elle avait gagné. Elle avait balayé ses résistances. Elle avait été à l'origine d'un des plus extraordinaires décapages idéologiques que l'on ait vus depuis longtemps. Mais, du coup, elle faisait souche. Comme, en leur temps, l'« existentialisme » ou le « structuralisme », elle voyait cristalliser derrière elle une vulgate assez navrante. Et cette vulgate nous installait, pourquoi ne pas l'avouer, dans une pensée molle, obsessionnellement modeste et faible, qui, portant haut l'étendard de son éminente débilité, faisait de l'incertitude son dernier mot et du minimalisme tout son programme.

Le pire, dans cette situation, c'est que l'idée même de différence, donc de débat, entre intellectuels disparaissait fatalement de notre univers mental. Comment débattre, en effet, quand tout le monde communie dans la pauvreté? Comment exprimer, trouver des points de désaccord quand on se rejoint tous dans le même minimalisme? Et n'était-il pas naturel, dès lors que cette incertitude devenait notre fin mot, de voir, sinon nos livres, du moins nos slogans et nos programmes se fondre dans le même magma? Le paysage se nivelait. Il se normalisait. Il tendait irrésistiblement vers une sorte de degré zéro qui nous tenait lieu d'horizon. Et c'est toute la scène idéologique qui se mettait à ressembler à l'une de ces nuits hégéliennes où les vaches sont toujours grises, les concepts toujours obscurs. De nécessité, très vite, nous entreprîmes de faire vertu. Et, intériorisant jusqu'au vertige ce principe d'indifférence, nous ne tardâmes pas à en faire un véritable article de foi : le débat était impossible – il allait devenir inconvenant.

La date clef, à cet égard, aura été, j'en ai peur, la fameuse rencontre d'Aron et Sartre, sur les marches de l'Elysée, au moment de notre campagne en faveur des boat people. Belle rencontre, évidemment! Image inoubliable! Magnifique – et inattaquable – exemple de solidarité pratique face à des hommes qui se noyaient! Sauf qu'en passant de la pratique à la théorie, de l'image à la mythologie, en donnant à la poignée de main un sens qu'elle n'avait certainement pas dans l'esprit de ces acteurs, on entreprenait d'en faire l'indépassable modèle des rapports entre intellectuels. Il fut un temps, n'est-ce pas, où leur métier était de disputer, discuter, s'opposer fût-ce âprement. Il fut un temps où le bon intellectuel était celui qui, sans complaisance mais sans concession non plus, ne renâclait pas à la polémique et où la Cité n'applaudissait jamais si fort que lorsque, forçant éventuellement le trait, radicalisant son propos, il lui offrait le spectacle d'une vraie querelle de société. Eh bien là, tout à coup, c'était fini. Que dis-je? c'était un crime. Car voici que surgissait, au firmament parisien, un drôle de personnage, un clone plutôt, mixte de Sartre et Aron, que l'on conviendra d'appeler le « Sartron » et dont le rôle était de tirer un trait sur tout ça, de liquider toutes ces vieilles habitudes et de nous expliquer que, désormais, le rôle des clercs serait de s'entendre. L'union devenait une vertu. La conciliation un impératif. Le compromis une bénédiction. Leçon numéro un du Sartron : face aux malheurs du monde, face à ses horreurs ou à ses tragédies, il ne devrait plus y avoir de pensée qu'unique, uniforme, unanime.

Religion du consensus. Fascination du lieu commun. Obsession du front, de la fraternisation à toutes forces. Et jubilation, oh! si pathétique jubilation chaque fois qu'entre deux clercs nous parvenions à choisir le moindre – je veux dire : chaque fois que nous parvenions, à coup de simplifications et de pieuses alliances, à leur trouver un dénominateur commun. Guy Konopnicki a bien parlé de cela. Il a évoqué, dans son *Amour de la politique*[1], ce terrorisme du « terrain d'entente » qui nous fait trembler d'effroi chaque fois que nous effleure une position un peu neuve, un peu audacieuse ou risquée, qui pourrait, si nous insistions, rallumer la guerre des clercs. Je pense, moi, qu'au commencement était le Sartron. Et que c'est lui, le Sartron, qu'on nous

1. Grasset, 1985.

brandit symboliquement sous le nez chaque fois que, sur une question clef, pointe une velléité de polémique, un soupçon de désaccord – chaque fois que, sur le racisme par exemple, sur le terrorisme, sur les rapports de la gauche et de la droite, sur le problème de la famine ou de l'aide à l'Ethiopie, l'un d'entre nous ose suggérer que les choses ne sont pas si simples, pas si manichéennes qu'on croit et que l'utilité des clercs pourrait bien être, au fond, d'aider à les complexifier. Le Sartron, contre la pensée.

Au cœur du dispositif, bien sûr, trônaient les droits de l'homme. Oh, pas les droits eux-mêmes! Pas le respect des hommes! Pas cette assistance concrète aux hommes concrets, sur le principe de laquelle je ne céderai bien entendu jamais. Mais ce nouveau discours, assez ahurissant quand on y songe, qui, réduisant *toute* l'action, *toute* la réflexion politique d'aujourd'hui au seul souci de « sauver les corps », était le meilleur condensé de la platitude minimaliste. J'ai dénoncé, il y a plusieurs années déjà, les méfaits de cette réduction. J'ai dit comment, en répétant partout, toujours, qu'un corps était un corps, une souffrance une souffrance et que rien, personne, aucune instance ni aucune idéologie, ne devaient plus nous autoriser à privilégier un malheur sur un autre, une victime sur une autre victime, on se vouait à ne plus rien entendre du tout aux travaux de la barbarie réelle. Entre un mort à Auschwitz et un mort à Londres, la même année – pas de privilège, vraiment? Entre une victime de la Kolyma de Soljenitsyne et la victime d'un accident du travail dans un bassin minier de Cornouailles – pas de différence, vous en êtes sûrs? On voit bien l'absurdité du propos. On voit comment l'idéologie des droits de l'homme, prise à la lettre, ne pouvait que disculper, à terme, ce qu'elle était censée incriminer. On voit pourquoi, construite à l'origine pour contrarier le stalinisme, elle ne pouvait qu'en retrouver très vite –

fût-ce en la retournant – la thèse fondamentale : entre le fascisme et son contraire, entre totalitarisme et démocratie, la différence n'est pas de nature mais de degré... Pour l'heure, on touchait au fond de la sous-pensée. On réunissait les conditions de l'abdication la plus parfaite. Et le profil même du clerc, sa physionomie, sa psychologie commençaient petit à petit de changer en conséquence – rejoignant, dans l'insignifiance, les conditions nouvelles qui étaient faites à la pensée.

Si réellement, en effet, les droits de l'homme étaient ce que je dis, s'ils étaient la fin, le commencement, le fond de toute réflexion, s'il suffisait, pour penser le monde, de répéter à l'envi qu'un camp est un camp ou que Brejnev égale Pinochet, alors on voit mal ce qui spécifiait encore un clerc. On ne comprend plus ce qui distinguait son activité d'un scoutisme amélioré. On chercherait en vain d'autres vertus, pour lui requises, qu'un peu de cœur, un grain de bon sens, une générosité à toute épreuve. Et l'on se trouve – il se trouvait – bien démuni, surtout, pour s'étonner que, scout pour scout, générosité pour générosité, un chanteur ou un acteur fassent aussi bien l'affaire que lui. Les intellectuels, en fait, s'étaient sabordés. Ils s'étaient invalidés. Dans un mouvement de masochisme qui n'eut d'égal que celui qui, jadis, aux riches heures du stalinisme, les faisait pieusement s'incliner devant l'œil-du-peuple-qui-toujours-voit-juste, ils avaient créé les conditions de leur propre remplacement. Réduisant comme jamais les tâches de la pensée, c'est en pleine conscience et clarté qu'ils proclamaient leur inutilité.

CHAPITRE III

LA DISSOLUTION DES CLERCS

EN pleine conscience? Après tout, je ne sais pas. Car je me demande, à la réflexion, si l'histoire que je raconte ne les dépasse pas en même temps un peu; et s'il ne faut pas, pour la comprendre, remonter plus haut encore... L'intellectuel, comme chacun sait, est un animal plutôt moderne. Il y a toujours eu des artistes. Il y a toujours eu des écrivains. Mais il n'y a pas toujours eu – et c'est toute la différence – des artistes ou écrivains sortant de leur discipline pour, sans l'ombre d'un mandat, et forts d'une autorité acquise ailleurs, trouver à la fois naturel et utile de venir mêler leur voix aux grands débats de la cité. Cette apparition, donc, est récente. Elle date au mieux de l'affaire Calas, au pire de l'affaire Dreyfus. Et il a fallu pour qu'elle soit prise, pour que l'idée n'en soit pas impossible, il a fallu pour que soit tout bonnement pensable ce qui, aux yeux d'aujourd'hui, semble parfaitement élémentaire mais qui, avant Voltaire ou Zola, était proprement incongru, un certain nombre de conditions, elles aussi strictement datées. Ma conviction, c'est que ce sont ces conditions qui ont commencé de disparaître et le sol même où nous nous tenons qui est en train de se dérober.

La première de ces conditions c'était, je crois, la raison. La foi dans la raison. La croyance en ses pouvoirs. L'assurance qu'il n'y a pas d'erreur, de mensonge, de méchanceté dont elle ne soit en fin de compte capable de venir à bout. Et l'idée, par conséquent, que l'orfèvre en la matière, celui dont c'est le métier et dont la rationalité est comme la seconde demeure, sera tout naturellement le mieux placé pour dissiper la nuit du monde. Or cette idée – sans quoi, j'y insiste, Zola, Péguy ou Voltaire n'auraient pas même songé à prendre la défense d'un innocent – le moins que l'on puisse dire est que le siècle l'a entamée et qu'il est devenu hautement risqué, après Auschwitz, le goulag et les délires qui vont avec, de continuer à dire, sans rire, qu'il n'y a pas d'horreur ni de malheur que le Verbe, souverain, ne suffise à contrecarrer. Husserl 1935 : défaite de la raison. Karl Kraus 1932 : faillite de la parole. Broch, oui Broch déjà : échec de la philosophie face aux ferments de décomposition qui minent la Vienne des années vingt. Les « grands européens » le savaient : nous l'avons enfin compris. S'il y a une leçon, une seule leçon à tirer de l'âge des camps, c'est incontestablement celle-ci : la toute faiblesse des Lumières dans leur face à face avec le Mal.

La seconde condition, c'était la Vérité. La Vérité en soi. La Vérité en majesté. L'idée qu'elle existe, cette Vérité, qu'elle n'est ni un leurre ni une illusion et que si les intellectuels servent à quelque chose c'est à tenter d'en témoigner. C'était l'idée de Zola, à nouveau. C'était l'idée de Benda. C'était l'idée qu'ils opposaient – qu'il a *toujours* fallu opposer – à la contre-idée barrésienne d'une vérité relative, particulière, dépendant du sujet qui la profère ou du point de vue où il se place. Or il est clair que, là aussi, c'est Barrès qui a gagné et que c'est son cynisme, son pessimisme, son apologie de l'« erreur utile » et son mépris de l'« universel » qui ont fini par triompher. Vérités « dialectiques » des marxistes... Vérités en « perspectives » des nietzschéens... Sartre et ses vérités « en situation »... Foucault et sa « généalogie de la vérité »... Tout cela n'a pas grand rapport, sans doute, avec les vérités « lorraines ou provençales » du premier des anti-intellectualistes. Mais cela n'en a guère plus, hélas, avec cette hypothèse d'une vérité une et catégorique, ne souffrant ni compromis ni accommodements, dont nous nous supposions témoins. A quoi bon les intellectuels s'il n'y a plus d'Erreur à pourfendre, plus de Vrai à illustrer?

Sa troisième condition de possibilité, le troisième réquisit sans quoi il n'aurait pu – et ne pourrait jamais plus – justifier son existence, c'était le pari sur la Justice. Non pas la justice relative. Non pas la justice particulière. Non pas cette justice de classe, de race ou de nation dont Benda passa sa vie à fustiger la prétention. Mais une justice abstraite, valable en tous lieux et en tous temps, nonobstant les circonstances de son éventuelle application. Je ne dis pas que cette idée soit vraie. Je ne dis même pas que j'y adhère. Je dis seulement qu'elle est nécessaire; qu'il est impossible à un clerc de faire, sans elle, son métier de clerc; que c'est par elle, et grâce à elle, qu'il peut s'élever à la fois, sans nulle contradiction, contre le martyre d'un Vietnamien, celui d'un Chilien torturé ou le sort d'un esclave de l'Empire romain triomphant. Or, là encore, c'est moins clair. Le concept perd son assise. Et il a commencé, lui aussi, le travail de son effacement. Dater cet effacement? La décolonisation sans doute. La fin de l'ethnocentrisme. La proclamation, urbi et orbi, du droit à la différence. La décision, si l'on préfère, de donner à toutes les cultures, toutes les civilisations, la même dignité éthique. Le port du tchador en Iran? L'excision du clitoris en Afrique? La barbarie quotidienne dans tel ou tel pays arabe? Culture, voyons... Spécificité culturelle... Et il faut toute l'arrogance, tout l'indécrottable chauvinisme de ces foutus intellectuels pour continuer d'imposer « leur » bien,

« leur » justice, « leur » système de valeurs morales à des peuples dont la tradition s'y refuse fondamentalement.

La quatrième condition, liée à la précédente mais qui en différait sensiblement, c'était le pari sur des valeurs non seulement fixes, statiques, indépendantes des lieux, des temps, etc. mais encore hiérarchisées et méthodiquement articulées. Sans doute n'est-ce pas facile à admettre. Mais je crois qu'il n'y a pas d'intelligentsia sans tabou. Pas d'intelligentsia sans qu'un certain nombre de valeurs soient élevées à la dignité de l'absolu et soustraites au débat public. Si l'intelligentsia d'aujourd'hui est si faible c'est qu'elle rompt, derechef, avec cette règle. Et cela sous le double coup du relativisme de tout à l'heure, de son idiotisme généralisé, de son postulat selon lequel aucune valeur, vraiment aucune, ne mérite pareil privilège et que seul un raciste invétéré pourrait avoir l'idée de sacraliser, par exemple, un concept aussi étroitement « occidental » que le concept d' « habeas corpus »; et puis sous le coup, par ailleurs, de cette drôle de façon qu'a l'époque de priser le doute pour le doute, le soupçon pour le soupçon – essayez-vous donc à dire « le racisme est un sujet tabou » ou « il y a un interdit sur le nazisme » et vous les verrez tous, comme un seul homme, répéter en écho : « il faut réviser l'histoire du nazisme » ou « il faut jouer avec le racisme »...

Et puis il y en avait encore une cinquième : la reconnaissance, et par la société des clercs, et par la société tout court, des l'éminente dignité de cette culture abstraite, généraliste et non spécialisée qui permettait à l'écrivain, comme disait Sartre, de « sortir de sa tour d'ivoire » pour « se mêler de ce qui ne le regardait pas ». La crise, là, ne date pas d'aujourd'hui. Et déjà, à la fin du siècle passé, il se trouvait des anti-clercs pour refuser d'intervenir dans le cas Dreyfus au motif qu'il relevait de la compétence de l'état-major. Nul doute, cependant, que le mouvement ne se précipite. Fin des « humanités »... Discrédit de la « culture générale »... Disqualification, on l'a vu, de la tentation « globalisante »... Et puis montée en puissance de savoirs « spécialisés » qui jouissent, eux, à l'inverse, d'une faveur sans précédent... Le phénomène est bien connu. Mais il a des conséquences incalculables. Qui ne voit en effet que si triomphait complètement ce fétichisme de la spécialité, c'en serait fini du clerc? de son autorité? de ce fondamental *abus de pouvoir* qui est au nœud de ses engagements? Typique de l'époque où nous entrons : cette interview de Claude Lévi-Strauss, à propos de la Nouvelle-Calédonie, expliquant qu'il ne dirait rien du problème car il n'en avait pas la *compétence*...

J'ajoute, pour terminer, le déclin du magistère. Le refus des rapports de maîtrise dans l'ordre de la pensée. J'ajoute ce fantasme tout neuf – et si vain – d'une pensée spontanée, spontanément sortant des têtes et faisant l'économie du passage par les livres et les œuvres. Le problème, d'ailleurs, ce n'est toujours pas que cette idée soit vaine. Ce n'est même pas qu'elle soit fausse. C'est qu'elle invalide la position du clerc – et qu'elle l'invalide, maintenant, en lui retirant ce rôle de médiateur qui a toujours été le sien et qui en faisait un intercesseur sacré entre les hommes et le savoir. Les clercs, on l'a cent fois dit, sont les héritiers des moines. Leur nom, étymologiquement, signifie « la part réservée de Dieu ». Et ils sont apparus, comme par un fait exprès, au moment précis où la France séparait ses Eglises de son Etat. Généalogie capitale. Impossible à contourner. Impossible à effacer. Le jour où ce souvenir aura disparu et où le clerc moderne aura rompu cet amarrage, le jour où il oubliera ce très ancien lignage et cédera, autrement dit, sur sa fonction sacerdotale

– ce jour-là, il aura perdu un autre de ses traits, une autre de ses raisons d'être.

On pourra s'en réjouir. On pourra le déplorer. Mais telle sera la situation. Les intellectuels d'alors ne seront ni meilleurs ni pires. Ils ne seront ni spécialement bavards ni particulièrement silencieux. Ils seront impossibles, voilà tout. Ils seront *en train* de devenir impossibles, impensables et comme décalés sur la scène d'un monde qui ne leur laissera plus vraiment de place. S'ils meurent ce ne sera pas la faute de Tapie. Ce ne sera pas celle de Coluche. Ce ne sera même pas la leur ou celle de leurs aînés. Ce sera une mort douce, sans tapage ni apocalypse, à la façon de cette autre figure – celle de l'homme – dont Michel Foucault disait qu'elle finirait par s'effacer, tel un visage de sable, à l'horizon de nos savoirs. Michel Foucault s'est trompé. Peut-être me tromperai-je aussi. L'enjeu en tout cas est celui-là. Et le risque qu'il nous appartient de conjurer. Faudra-t-il écrire, dans les dictionnaires de l'an 2000 : « Intellectuel, nom masculin, catégorie sociale et culturelle née à Paris au moment de l'affaire Dreyfus, morte à Paris à la fin du XXe siècle; n'a apparemment pas survécu au déclin de l'Universel »?

II

RÉDUIRE LA PART DE COMÉDIE

CHAPITRE PREMIER

TERRORISMES

Justement : faudra-t-il pleurer? déplorer? faudra-t-il regretter ce crédit perdu? et le déclin des clercs, s'il allait au bout de sa course, n'aurait-il vraiment que des aspects épouvantables? Il en aurait, bien sûr – et je dirai bientôt lesquels. Mais je ne veux pas, là non plus, céder au catastrophisme. Je ne veux pas mêler ma voix aux prophètes d'apocalypse qui, lorsqu'on ne les entend plus, entendent, eux, la fin du monde. Et je vois, à tout prendre, deux ou trois bonnes raisons de penser que l'événement aurait *aussi* des côtés bienvenus. Ces raisons, les voici. A commencer par la formidable nouvelle que sera, si elle se confirme, la levée de l'hypothèque politique que cette figure de l'intellectuel faisait, qu'on le veuille ou non, peser sur l'écrivain.

Oh! j'aime la politique, bien entendu. J'aime ses rites. J'aime ses pompes. J'aime le spectacle qu'elle nous offre, les jeux qu'elle nous propose. J'aime qu'elle soit, selon Hegel, la dernière part de tragique d'un monde qui s'y dérobe – et j'aime la figure du militant pour l'ardeur, la raideur, le désespoir, ou le reste de sainteté dont il lui arrive de témoigner. J'aime ses fictions. J'aime qu'elle soit – qu'elle ait concrètement été pour moi – la plus fabuleuse réserve de signes, de situations légendaires ou romanesques. Je l'aime, mettons, comme Malraux. Je l'aime comme Chateaubriand. Je l'aime, à la limite, comme l'aimait Barrès avec son goguenard : « comme on ne peut pas écrire tout le temps, on va l'après-midi à l'Assemblée ». Et je l'aime, allez savoir, à la façon de Stendhal – non pas, pour une fois, celui du trop fameux « coup de pistolet dans un concert » mais celui qui osa écrire un jour qu'il avait eu, dans sa jeunesse, « la plus grande peine du monde à résister à la tentation de se brûler la cervelle » et que c'est « la curiosité politique » qui, au bout du compte, l'en empêcha. Reste qu'elle est aussi, cette politique, un piège pour l'écrivain. Un traquenard où il s'égare. Reste qu'elle est – ceux que je cite en savent quelque chose! – la plus évidemment perfide des foires aux vanités; et que, par son urgence, son exigence, par l'impérieuse insistance avec laquelle elle nous assigne et nous désigne, elle est aussi la source d'un chantage permanent.

Je dis bien un chantage. Car comment nommer autrement cette pression, cette sollicitation, cette sommation de parler ou d'opiner à quoi elle nous soumet? Je connais la musique, hélas. Je connais le rituel. Je connais mieux que personne cette valse aux pétitions, contre-pétitions, contre-manifestes et manifestes qu'on nous propose à longueur d'année. Et j'ai, plus qu'à mon tour, fait l'expérience de ces petits matins, lendemains d'une nuit d'écriture, où, la tête pleine encore de ma syntaxe et de mes songes, je suis tiré du sommeil par le téléphone et entends une voix, impérieuse, qui m'invite à signer pour ceci, protester contre cela, donner mon nom aux Kurdes, le retirer aux Iraniens, rectifier le tir sur le Honduras ou prendre parti, là, tout de suite, sur la fondamentale question des droits de l'homme à l'île de Java. Quoi? J'ai l'air d'hésiter? Je ne réponds pas sur-le-champ? J'essaie de bredouiller que non, pas ça, pas là, pas Java, pas tout de suite, est-ce qu'on ne pourrait pas parler, se voir, s'expliquer...? Malheur! Mon compte est bon! Mon cas, désespéré! Et la voix, bientôt grondeuse, comminatoire, presque menaçante, me fait incontinent savoir qu'encore une minute de ce petit jeu, dix secondes à faire ainsi la mauvaise tête – et elle sera au regret d'avoir à me compter au nombre des ennemis définitifs du genre humain.

Le fond de la demande, bien sûr, c'est que les écrivains se rangent. Qu'ils consentent à s'aligner. Le fond de la question, l'exigence muette mais têtue, c'est qu'ils renoncent à ce flou, ce vague, cette indétermination coupable et butée, qui font si peu l'affaire des sergents recruteurs de la politique. Depuis qu'il y a des politiques, c'est toujours la même histoire. Depuis qu'il y a des écrivains, c'est toujours le même problème. Que les seconds cèdent aux premiers! Qu'ils viennent gentiment grossir leurs rangs! Qu'ils acceptent, sans rechigner, de s'enrôler dans leurs bataillons! On peut dire non, bien sûr. On peut tenter de résister. On peut, comme Flaubert, soutenir qu'un penseur ne doit avoir « ni religion, ni patrie, ni même aucune conviction sociale ». On peut, comme Baudelaire, clamer que, le premier des droits de l'homme étant celui de se contredire et celui de s'en aller, il s'arroge, lui, gaiement, celui de « déserter une cause pour le seul plaisir de savoir ce qu'il éprouvera à en servir une autre ». Et on peut, comme Baudelaire toujours, écœuré par la mascarade de ce « Shakespeare socialiste » mis en scène par le « clan Hugo » lors du fameux banquet de 1865, décider que c'en est trop et s'en aller pour de bon. Le pauvre Baudelaire, hélas, l'a payé cher. Il l'a payé de sa gloire. Il l'a payé de sa vie. Il l'a payé d'un malheur, d'une misère physique et morale probablement sans précédent dans l'histoire des lettres françaises. Les flics du « clan Hugo »? Leur folie d'embrigadement? Cette manie qu'ils ont de vous baptiser tout ce qui passe à l'onction du socialisme? L'ironie du sort c'est qu'il n'arrive même pas vraiment à s'en débarrasser; et qu'à Bruxelles encore, entre l'hôtel du Grand Miroir où il rumine une dernière fois son « instinctive horreur de la face humaine » et les ruelles de la ville où, titubant, halluciné, ivre de honte et de douleur, il pense au moins les avoir semés, c'est encore eux qu'il croise et affronte. Hé! hé! Comme on se retrouve! Big brother is watching you! La famille Hugo ne vous lâche jamais! Qui a dit que la politique est la forme moderne du destin?

J'insiste sur le cas Baudelaire. Parce que nul mieux que lui n'a protesté contre cette volonté de soumettre, de subordonner les écrivains. Mais aussi – et c'est encore plus fou! – parce que nul plus que lui n'aura été, jusque dans la tombe, poursuivi par la manie des racoleurs de la politique. Je pense, ici, à Sartre. Je pense à ce méchant livre, émaillé de bourdes et de contresens, où l'on sent une hargne que ne suffit pas à expliquer la troublante – et éventuelle – proximité entre le beau-fils du général Aupick et le petit bâtard des *Mots*. Ce qu'il lui reproche, au juste? De n'être pas socialiste. De n'être pas progressiste. De n'avoir pas tenté, le bougre, de se « libérer » de la morale bourgeoise. D'avoir détesté Leroux. Traité Hugo de crétin. D'avoir écrit de « la femme Sand » qu'elle était une « truie », une « latrine ». D'avoir trop fait de poésie. Pas assez fait la révolution. De n'avoir pas, à sa place, aux côtés de Hugo ou Michelet, participé au grand remue-ménage libérateur qui ébranlait la France de l'époque. Bref, ce qu'il lui reproche, c'est d'avoir été lui-même, Charles Baudelaire, auteur d'un livre génial mais noir, qui s'appelait *Les Fleurs du mal* – et non un bien-pensant, gentiment socialo-quarante-huitard qui se serait contenté de mêler sa voix à la grand-messe du moment. On parle souvent de l'acharnement avec lequel l'auteur du *Flaubert* reproche à son héros de ne s'être pas « engagé ». Il faut lire, relire ce *Baudelaire* comme modèle de ce que peut donner de pire, quand elle va au bout de sa folie, la réduction politique des écrivains.

Est-ce à dire que je récuse la tentation politique? Grands dieux, non! Mais cela veut dire, en revanche, qu'il y a dans cette affaire d'« engagement » un fond de terrorisme qu'on ne peut pas non plus esquiver. Le cas de Baudelaire est un cas limite. De même que celui de Joyce lâchant son fameux « périsse la Pologne pourvu que survive *Finnegan's Wake* ». De même que celui de Kafka, emmuré dans sa cave, soustrait au commerce des vivants, tentant d'expliquer à Felice que tout ce qui n'est pas littérature l'assomme et que la mort de son meilleur ami, dans la mesure où elle l'arrêterait d'écrire, ne lui inspirerait d'abord que de l'ennui. Ou de même, encore, que le cas de Mallarmé, reclus dans son cabinet, quasi exilé du monde des vivants et forgeant patiemment les rites, les dogmes, le cérémonial de sa nouvelle religion. En tout écrivain, cependant, il y a un Mallarmé, un Kafka ou un Joyce qui sommeille. En tout écrivain digne de ce nom, il y a cette certitude que l'on est seul, absolument seul quand on écrit. En chacun d'entre nous, quel que soit son talent ou son ambition, il y a cette conviction que sa religion n'est pas la leur – et cette sourde méfiance, du coup, vis-à-vis de la pression communautaire, prît-elle la forme la plus « généreuse ». S'engager? Oui, pourquoi pas... Nous le faisons si volontiers... Mais à condition que cet engagement ne vienne pas faire oublier le caractère irréductiblement rebelle, asocial de l'écriture.

Philippe Sollers a consacré un beau livre[1] à cette asocialité. Il y dit qu'un grand écrivain est toujours une exception, exorbitante à la collectivité et qui n'a pu s'en dégager qu'au prix d'un incalculable

1. *Théorie des Exceptions*, Gallimard, 1985.

concours de circonstances et de coups de chance. Grâces soient rendues, oui, au malaise que nous traversons s'il nous aide à nous en souvenir; et s'il contribue à accréditer l'idée que si les artistes ont des « devoirs » à l'endroit de la société, la société, elle, en a un, à l'endroit de ses artistes : leur ficher la paix.

CHAPITRE II

MISÈRE DE L'ENGAGEMENT

MIEUX. Si attaché que je sois à la figure de l'intellectuel, aussi convaincu que je puisse être de la nécessité de se battre, de s'exposer ou de prendre des risques, je n'arrive pas à m'ôter de la tête qu'il y a dans toute cette affaire quelque chose de, finalement, très trouble.

Car revenons à cette solitude de l'écriture. Je ne voudrais pas faire de psychanalyse sauvage. Et loin de moi la tentation de cet « humain trop humain » dont s'autorisent les imbéciles lorsqu'ils vont, derrière la grandeur ou la noblesse des intentions, chercher le motif inavoué qui, en réalité, les gouvernait. Mais enfin si tout cela est exact, si l'écrivain est cet être asocial, amoral, acommunautaire, s'il est vraiment ce personnage bizarre qui ne songe qu'à la littérature et à qui les collectivités sont tout bonnement étrangères, s'il est ce monstre, ce parasite, vivant aux crochets du monde et se nourrissant de sa substance, alors on peut se demander s'il n'y aurait pas dans cet empressement soudain qu'il met parfois à jouer le jeu, à montrer patte blanche autour de lui, autrement dit à « s'engager », une formidable dose de remords, pour ne pas dire de repentir.

C'est très clairement le cas, par exemple, des compagnons de route des années trente, ces clercs aux mains trop blanches, à la tête trop archaïque,

que l'on sent si effroyablement honteux de ce qu'ils peuvent représenter – et tellement acharnés, du coup, à tenter d'expier leur faute en se mettant à l'école de la vie, du peuple, du parti. Le jeune Aragon, rompant avec les surréalistes. Le Rolland de *L'Annonciatrice,* étalant sa « grande santé » de vieux pénitent stalinien. Le Gide des *Nouvelles Nourritures* faisant de son Nathanaël un jeune titan débile, parlant comme un bolchevik et montant vaillamment à l'assaut du ciel de la révolution. L'engagement, figure de la mortification.

C'est le cas, côté droit, des jeunes fascistes parisiens, ces autres clercs aux mains trop pures, à la généalogie trop « décadente », qui voient dans le nazisme une « philosophie de résistance à la colique » et dans le fait de s'y rallier un bon moyen d'abjurer leur coupable « morale bourgeoise ». Brasillach à Nuremberg. Bardèche à *Je suis partout.* Drieu, le pauvre Drieu, poursuivi par ses hantises, taraudé par ses fantômes, et voyant en Doriot, « le jeune chef », un messie providentiel qui rachètera ses péchés. L'engagement, figure de l'autopunition.

C'est le cas encore, plus près de nous, de ces autres jeunes gens, mi-gauchistes, mi-tolstoïens, que l'on appela les « maoïstes » et qui poussèrent, eux, la haine de soi jusqu'à l' « établissement » en usine, la « longue marche » dans les campagnes ou la tentation de l' « amnésie ». La culture, fille du malheur... Les livres, fils des maîtres... L'intellectuel, qu'il le veuille ou non, complice de la douleur des hommes... C'est ainsi que l'on parlait alors. Sur ces bases que l'on projetait « l'homme nouveau ». Sur ce colossal oubli de soi que commençait notre « révolution culturelle ». L'engagement, figure de l'abjuration.

Et puis, quant à l'inventeur du mot, enfin, je veux parler de Sartre, il est à peine nécessaire de rappeler sur quel arrière-plan de mauvaise conscience il avait élaboré sa théorie. L'aurait-il inventé, ce fameux

« engagement », s'il avait, par exemple, traversé autrement la guerre? Se serait-il acharné sur Flaubert, aurait-il si rageusement inculpé Baudelaire, s'il n'avait pas, en pleine Occupation, monté *Les Mouches* à Paris? Pour dire les choses plus clairement encore : imagine-t-on Cavaillès, Claude Simon retour d'Espagne, Malraux retour des maquis, imagine-t-on Hemingway, Desanti ou même Camus revenir à la vie civile avec, dans leurs cartons, un projet de mobilisation générale de l'intelligentsia « désengagée »?

Je prends des cas extrêmes. Je prends les cas limites. Et je suis bien conscient de ce que tous les clercs politisés ne sont pas des fascistes, des staliniens ou des existentialistes qui ont raté leur guerre et le font payer à leurs pairs. Le risque, cela dit, est là. L'écueil, permanent, qui nous guette. Et bien malin qui prétend échapper à tout coup aux mille et une figures du clerc en pénitence.

Il y a le clerc maso. Celui qui rêve de disparaître. Celui qui, comme nous disions jadis, rêve d'« abolir en lui la position de l'intellectuel ». Et dont l'engagement est, alors, une forme de suicide.

Il y a le clerc réglo. Celui qui sait ce qu'il doit au monde. De quelle chair il s'est nourri. De quelle substance il s'est empli. Et qui conçoit son engagement comme une manière de s'en acquitter.

Il y a le clerc mégalo, celui qui croit que le monde c'est lui. Que sa misère, son horreur, c'est lui encore qui en est coupable. Il y a le clerc parano qui, songeant que la Rome de Virgile était aussi celle des esclaves, que les escaliers des temples mayas ruisselaient de sang humain, que les visages de Giotto, la nef d'Amiens ou le *Roman de la Rose* étaient contemporains de l'Inquisition et qu'il vit, lui, clerc d'aujourd'hui, à l'âge des camps de concentration, est tourmenté par l'idée que l'artiste est, toujours, comptable des malheurs du monde. Il s'engage, ce clerc-là, sans espoir. Il s'engage sans illusion. Il ne s'engage, en fait, que pour se faire pardonner.

Il y a le clerc pépère qui ne veut surtout pas d'histoire et qui sait que, pour avoir la paix, il faut feindre l'amour du genre humain.

Et puis il y a le clerc malin, qui sait qu'il en sait trop; que ça va finir par se savoir; et que le jour où ça se saura, c'est toute la communauté qui risque de lui tomber sur le dos. Il s'engage, lui, par prudence. Il s'engage pour prendre date. Il s'engage pour donner des gages à qui s'inquiéterait de ses douteuses et clandestines activités. Tel le Croniamental d'Apollinaire qui sait qu'il sera le premier visé le jour de la grande rafle des poètes, il paie d'avance en quelque sorte. L'engagement est son alibi. C'est le tribut qu'il doit payer à la société qu'il désavoue.

J'ajoute enfin – et là je ne plaisante plus – que je ne connais pas de grand écrivain qui ne frôle, en écrivant, des gouffres abominables et qui, seul dans son cabinet, en tête-à-tête avec ses chimères, ne soit soudain saisi d'effroi par les monstres qu'il suscite. Terreur de la négativité... Vertige du néant... Epouvante d'un monde privé de toute positivité... Certains, comme Kafka, s'en tirent en faisant du jardinage, des gammes ou du bricolage. D'autres, comme Wittgenstein, en se faisant pauvres parmi les pauvres et en retrouvant, à tout le moins, la positivité de la misère. D'autres encore, comme Céline, en opposant au grand vide qu'ils voient s'ouvrir sous leur plume le fantasme d'une danseuse au corps plein, providentiellement saturé d'être.

Eh bien, mettons qu'il s'en trouve d'autres encore pour faire de la politique et tenter, ce faisant, de rendre au monde un peu de sens. Mallarmé, par exemple, murmurant son : « en creusant le vers à ce point, j'ai rencontré des abîmes qui me désespèrent » – et figurant, on ne le sait pas assez, parmi les premiers intellectuels à s'engager pour Dreyfus.

Est-il besoin de rappeler ce que ce désir de positivité peut avoir de dangereux? Faut-il refaire la longue liste des impostures dont il aura été le prétexte? Faut-il, à côté de l'heureuse exception mallarméenne – et aussi bien sûr de quelques autres – évoquer tous les fascismes (Céline guérissant la France de sa juive négativité), toutes les démagogies (Sartre pieusement prosterné devant le sacro-saint prolétariat), toutes les comédies (Hugo cherchant à grands cris une barricade où se faire tuer) auxquels il a pu donner lieu? Si je le fais c'est qu'il y a, il faut bien l'admettre, une misère de l'engagement. C'est qu'il y a tout un fonds sacrificiel, pénitentiel ou obsessionnel dont il n'est que trop temps qu'il essaie de se déprendre. Les optimistes pourront toujours rêver qu'avec cette misère s'achève sa préhistoire. Je crois surtout, moi, que c'est l'autre mérite de cette crise de nous donner le plus aigu, le plus pénétrant des regards sur nous-mêmes. La maladie est, disait Nietzsche, le bon point de vue sur la santé : peut-être le « malaise » est-il, de la même manière, le meilleur des points de vue sur nos grandes illusions lyriques. Prophétisme, fin de partie.

CHAPITRE III

LA LITTÉRATURE ET LE MAL

IMAGINER maintenant le processus poussé à son terme. Imaginer la figure traditionnelle de l'intellectuel décidément périmée. Et essayer de se représenter à quoi ressemblerait, sans elle, cette « pure » littérature que semblent proposer – pour en rester aux quelques noms que j'ai cités – Flaubert, Baudelaire, Mallarmé ou Kafka.

Premier constat : autant ils peuvent être versatiles, fluctuants, voire capricieux dans la gestion de leurs opinions, autant ils deviennent graves au contraire, tenaces, presque têtus, dès lors que sont en jeu les règles et les principes qui commandent leur écriture. C'est peu? Non, ce n'est pas si peu. Et sans aller jusqu'à dire, comme Proust dans sa réponse fameuse à Thibaudet, que tout l'immense apport de Flaubert au patrimoine de l'humanité tient en une particularité grammaticale, une ou deux singularités de syntaxe, je ne suis pas très loin de penser qu'il y a dans son usage du « et » en début de phrase, dans l'altération qu'il impose à notre emploi de l' « imparfait » ou dans telle perversion réglée d'un mot du vocabulaire institué, des gestes de haute portée qui impliquent, en effet, une quasi vision du monde.

Second constat : autant le cours des choses, ses tours, ses détours, ses égarements ou ses tragédies leur semblent secondaires, à peine dignes d'intérêt, autant ils deviennent intraitables, et d'une vigilance sans défaillance, dès lors que le débat porte sur des points de métaphysique où se joue le destin des hommes plus que, mettons, leur situation. Par exemple? Par exemple, l'obstination de Baudelaire sur le dogme de la Chute. Sa doctrine du Péché. Son refus, jusqu'au bout, et contre les romantiques, de révérer la Nature. Ses liens avec Veuillot. Sa fidélité – coûteuse – à de Maistre. Bref, son acharnement à nous dire – et à dire à des contemporains qui, on le suppose, l'entendaient mal – qu'il cédait tout ce qu'on voulait dans le débat sur Pierre Dupont ou la révolution de 48 mais qu'il crèverait, en revanche, plutôt que de reculer d'un pouce sur le terrain, bien plus essentiel, de ses convictions théologiques.

Troisième constat : ils peuvent bien, les uns et les autres, affirmer leur dédain du monde, leur refus de s'y engager, ils peuvent, comme Mallarmé, rêver d'une « action restreinte » et revendiquer le droit à un art « inactuel », cela ne signifie pas qu'ils se résignent pour autant à je ne sais quelle inutilité esthétisante. Mallarmé justement, en réponse à des amis qui prétendent le pousser à agir : « Je ne connais pas d'autre bombe qu'un livre. » Barthes, en pleine époque engagée, dans son *Sade, Fourier, Loyola* : « Nous commençons à savoir que les transgressions du langage possèdent un pouvoir d'offense au moins aussi fort que celui des transgressions morales. » Et quant à Baudelaire encore, s'il y a un chapitre sur lequel, depuis la lointaine époque du *Corsaire satan* et le projet d'article sur « l'Ecole païenne » destiné au *Hibou philosophe,* il n'a pas non plus transigé, c'est bien le renvoi dos à dos de ces deux erreurs rivales, mais à ses yeux symétriques, que sont la tentation « socialiste » d'un côté et, de l'autre, l' « art pour l'art ». Désocialiser la littérature, ce n'est pas l'alléger. Ce n'est pas la futiliser. Ce n'est pas l'exempter de son corps à corps avec le monde.

Les Fleurs du mal : l'un des livres les plus lourds, les moins gratuits du siècle.

Dernier constat enfin, lié au précédent : loin d'être cet exercice paisible dont l'art pour l'art donnait l'image et qui laissait l'artiste miraculeusement inentamé, le service de la littérature ainsi conçue est un exercice terrible. C'est un exercice tragique. C'est un face à face avec la mort, le crime, la faute, la folie. C'est un affrontement solitaire, et qui laisse l'écrivain plus seul encore, avec des forces d'une violence extrême qui menacent chaque fois de l'emporter. Et ils ne savent pas d'autre manière d'écrire, tous, que cette « descente vers les puissances obscures », ce « déchaînement d'esprits normalement maîtrisés », ces « étreintes douteuses », cette « plongée dans les ténèbres » qui faisaient dire à Kafka que la littérature est « le salaire pour le service du démon ».

Ces mots sont de Kafka, donc, dans une lettre à un ami qui prétendait l'arracher à sa table pour le convaincre de venir à Berlin. Mais ils pourraient être de Flaubert dans une lettre à Louise Colet. Ils pourraient être de Faulkner en prologue à *Tandis que j'agonise*. Si au lieu de « ténèbres » il y avait « vice » et au lieu de « démon », « possédés », ils pourraient être de Proust ou de Dostoïevski. Car, sur le fond, tous sont d'accord. Tous les grands. Tous les géants. Tous ceux qui, acceptant de se taire pour laisser parler leurs livres, savent que l'art ne peut avoir d'autre objet que de décrire le fond d'horreur, de carnage ou de catastrophe sur quoi se déploie depuis toujours l'aventure de l'humanité. Ils sont tous d'accord, oui, pour penser que la littérature n'a jamais parlé que du mal; que le mal, réciproquement, n'a jamais été mieux dit que par la littérature; et que c'est là, dans cette diabolique réciprocité, que les livres trouvent leur plus authentique pouvoir.

La thèse est connue, certes. Depuis Bataille au

moins. Depuis le bel essai de Jacques Henric[1]. Si je la rappelle, néanmoins, c'est qu'elle suggère qu'il y a d'autres engagements que l' « engagement »; d'autres devoirs vis-à-vis du monde que le strict devoir politique; et que si, en passant des uns aux autres, la littérature gagne évidemment au change, il n'est pas du tout sûr que le monde, de son côté, y perde. Mallarmé dreyfusard? Baudelaire quarante-huitard? Kafka « sioniste », tenté par la montée en Palestine? Oui, très bien. Mais c'est tellement moins essentiel, tellement moins décisif que le pan de voile qu'ils soulèvent – qu'ils sont seuls à pouvoir soulever – sur quelques-uns de nos plus brûlants secrets communautaires.

La partie, je le répète, n'est pas jouée. Et nul ne sait, à l'heure où j'écris, ce qu'il adviendra de la figure du clerc. Qu'elle disparaisse ou se réaffirme, son éclipse d'aujourd'hui nous aura néanmoins encore appris ceci – dont il sera, *quoi qu'il arrive,* capital de se souvenir : avant d'être de droite, de gauche, bien ou mal pensante, avant d'être sociale, socialiste ou asociale, la littérature est, d'abord, affaire de métaphysique.

1. *La Peinture et le Mal*, Grasset, 1985.

III

UN MONDE SANS INTELLECTUELS ?

CHAPITRE PREMIER

L'HONNEUR DE L'ESPRIT

Bon. Cela étant dit, reste tout de même l'essentiel. A savoir que cette éclipse, si elle devait se prolonger ou prendre un tour définitif, serait tout de même, et sur le fond, un désastre épouvantable. Les intellectuels ne sont pas des saints. Ils ont menti, trahi, ils se sont parjurés, déconsidérés. Et il serait absurde, tout à coup, de taire toute une part d'ombre qui, à l'évidence, leur appartient. Simplement, ce n'est pas la seule. Ce n'est pas leur seule histoire. Ce ne fut pas, très loin s'en faut, leur seule façon de participer à l'aventure du siècle. Et il n'est guère d'époque, de moment clef de cette aventure, où on ne les ait vus, souvent seuls, témoigner contre l'infamie. Au risque d'étonner, je dis qu'ils furent aussi, ces clercs, l'honneur de notre temps.

Moment de l'affaire Dreyfus. La droite contre Dreyfus. La gauche contre Dreyfus. Guesde, Lafargue, les « possibilistes », les « révolutionnaires », tous dans leur logique, dans leur refus de s'engager. Jaurès réclamant la peine de mort. Clemenceau vitupérant l' « âme immonde », le « cœur abject » du traître. Et Drumont qui, pendant ce temps, pérore dans les journaux, siège sur les bancs socialistes à l'Assemblée et domine de sa *France juive* l'essentiel du débat public. Face à tout ça, quelques hommes. Des humbles. Des sans grade. De très jeunes gens.

Des isolés. L'un est à *La Revue Blanche*. L'autre à *La Revue Bleue*. Le troisième s'occupe de *La Conque*. Autant dire qu'ils ne représentent pas encore, à cette époque, le « pouvoir culturel » de leur pays. Ils s'appellent Proust, Bernard Lazare, le jeune Blum, Lucien Herr. Ce sont les intellectuels.

Moment des années trente. Des hommes de droite qui jouent le fascisme. Des hommes de gauche aveugles au fascisme. Un gouvernement socialiste qui laisse la République espagnole agoniser sous la botte franquiste. Et, au bout de la route, le « lâche soulagement » d'une classe politique qui annonce, presque unanime, la bonne nouvelle des accords de Munich. Face à cela, quelques hommes. Pas beaucoup plus nombreux. Pas beaucoup mieux armés. Mais qui, cette fois, parlent haut. Meetings. Rencontres Amsterdam Pleyel. Défense de la culture. Comités de vigilance. Attaques, contre-attaques, ripostes à la xénophobie triomphante. Et puis ceux qui, franchissant le pas, traversent les Pyrénées et vont se battre en Aragon. Ils s'appellent Malraux, Orwell, Hemingway. Ils s'appellent Gide, Crevel, Breton. Ils s'appellent, au moment de Munich, quand il s'agit de dire non à la capitulation, Bataille, Caillois, Leiris. Ce sont les intellectuels.

Moment de la guerre d'Algérie. La droite à nouveau infâme. La gauche à nouveau indigne. Mollet et ses tomates. Lacoste et ses lance-flammes. Mitterrand, ministre de l'Intérieur d'une France qui va de l'Atlantique à l'Atlas. Mendès, oui Mendès, ne parvenant pas, lui non plus, à penser une Algérie libre. Qui pense, en ce temps-là? Qui prend la peine de parler? Qui sauve le droit, l'honneur de la parole? Les mêmes, toujours. Enfin, leurs héritiers. Car les voilà qui, à nouveau, mus par le même obscur appel, choisissent de prendre tous les risques : risque de proscription; risque d'insoumission; risque de disqualifiation sociale, peut-être morale; risque aussi, comme dit Blanchot, en renonçant à la seule exigence qui leur soit propre et qui est celle de l'écriture, de « subir un dommage irréparable et de perdre pour toujours le droit à la parole inattendue[1] ».

Moment des années soixante-dix. Arrivée des dissidents. Traduction de Soljenitsyne. Confusion, une fois de plus, des signes et passions politiques. Rumeurs, ragots, désinformation, contre-informations. Droite? Gauche? L'un ferme sa porte à Boukovsky. L'autre ferme la gueule de Pliouchtch. Le troisième vous glisse dans le creux de l'oreille qu'il faut se méfier de ces « Russes blancs », tous rescapés de l'armée de Vlassov. De la droite à la gauche, oui, c'est toute la classe politique, déjà au grand complet, qui s'accorde à répéter que l'ennui, avec ces gens, c'est qu'ils nous fichent en l'air nos cantonales. Qui refuse le programme? Qui essaie d'entendre, simplement d'entendre, ce que ces hommes ont à nous dire? Des hommes seuls, derechef. Dégagés de tout parti. Des hommes qui viennent de la gauche mais n'en acceptent plus les impostures. Ils s'appellent Lefort par exemple, Glucksmann, Halter, d'autres. Ce sont les intellectuels.

Moment des années quatre-vingt. Poussée de fièvre raciste. Accès de folie lepéniste. Meurtres en série. Banalisation de l'infamie. Classe politique en émoi, mais surtout en désarroi. Elle condamne? Oui, elle condamne. Mais elle pactise avec le diable. Elle négocie avec la canaille. Les uns la font entrer, pour la première fois depuis quarante ans, dans l'enceinte du Parlement. Les autres l'associent, au mépris de tous les serments, à d'obscurs pouvoirs locaux. Les intellectuels pour leur part n'ont pas toujours joué le rôle qu'ils auraient pu. Mais ils ont soutenu l'antiracisme. Il leur est arrivé de l'inspirer. Peut-être ont-ils

1. Maurice Blanchot, « Les Intellectuels en question », *Le Débat*, mars 1984.

même contribué, dans telle ou telle de ses instances, à conjurer des dérives possibles. La rigueur, là encore, c'était eux. Le front du refus passait par eux.

Et puis j'oubliais nos années polonaises. Souvenez-vous. Cheysson : « Bien sûr nous ne ferons rien. » Giscard : « La Pologne doit tenir compte de sa situation géographique et stratégique. » Sans parler des « lenteurs de l'histoire » mitterrandiennes ou de l'inénarrable gaffe d'un Premier ministre redoutant qu'aux souffrances de Varsovie ne vienne s'ajouter la détresse des Parisiens si d'aventure ils « manquaient de gaz ». Les intellectuels, dans ce contexte, n'eurent qu'un mérite, mais il fut de taille : ils déclarèrent qu'ils se fichaient du gaz; que les lenteurs de l'histoire ça n'avait pas de sens; que, géographie pour géographie, ils préféraient s'en tenir, eux, à cette thèse simple mais décisive que la Pologne c'était l'Europe. Vœu pieux? Baroud d'honneur? Non. Un petit peu plus. Quelque chose comme un autre anti-Munich. Une ébauche de résistance à blanc. Un vrai « parti polonais » au cœur de l'Occident. Ne pas oublier, non, ces années polonaises : c'est l'acte de naissance, dans une France qui s'en moque comme d'une guigne, d'un véritable « lobby » antitotalitaire. Ici encore, les intellectuels.

Certains diront peut-être que c'est bien le moins qu'ils pouvaient faire; et que la France des bien-pensants, celle des tièdes et des prudents, ne les avait pas attendus pour, spontanément, sans le même luxe de drames, de débats ou d'abjurations, reconnaître dans le stalinisme une idéologie qu'elle refusait. Sans doute. Encore que, dans ces domaines, la spontanéité ne soit pas forcément bonne conseillère; et qu'il n'y ait pas meilleur refus que celui qui, instruit d'une adhésion passée mais lucidement surmontée, sait de quoi il se détache et pourquoi il n'y reviendra plus. Parole avertie en vaut deux. Délire abouti vaut guérison. Et chacun sait, n'est-ce pas, que l'on ne fait vraiment son deuil de la névrose que lorsqu'on l'a vue naître, croître, se dire, puis enfin se taire. Les intellectuels, si l'on préfère, sont allés au bout de la folie. Ils en ont éprouvé les charmes, les vertiges, la séduction. Mais ils en ont aussi, du même coup, révélé les impasses. En sorte qu'à la façon du fou de Spinoza qui, paradoxalement, « se trompe » en disant, à midi, « il fait jour », l'antitotalitaire spontané, celui qui n'a pas senti au plus près le mufle de la bête, n'est pas forcément « dans le vrai » quand il condamne le « communisme ».

A ceux qui douteraient des vertus homéopathiques d'une folie « instruite », je recommanderai de méditer l'exemple de ce qui se passe dans ce paradis de l'anticommunisme que sont supposés être les Etats-Unis d'aujourd'hui. Il est vrai, en effet, que la question ne s'y pose pas. Mais il est vrai que, dans la mesure même où elle n'est pas posée, elle n'y est pas non plus comprise ni entendue. Naïveté, sur ce point, des élites américaines. Méconnaissance d'un problème qu'elles n'ont jamais vraiment affronté. Marxisme larvé d'une université taraudée par la mauvaise conscience du maccarthysme. Ce qui manque, dans le paysage, c'est une intelligentsia qui aurait, comme la nôtre, succombé à la tentation – pour, ensuite, la conjurer.

Tous les « moments » que j'évoque ne se ressemblent bien entendu pas. Nos intellectuels s'y sont conduits tantôt en porte-drapeau, tantôt en porte-parole, tantôt en prête-nom ou, simplement, en penseurs. Chaque fois, cependant, ils se sont conduits en intellectuels. C'est-à-dire que, cessant momentanément d'être les écrivains qu'ils étaient par ailleurs, ils ont pris le pari étrange – de plus en plus étrange, de plus en plus improbable, à mesure que passaient les années – de répondre en conscience à l'appel de l'Universel.

Le siècle sans ce pari? Un grand vide, voilà tout.

CHAPITRE II

LA DÉMOCRATIE ET NOUS

Ce n'est pas tout. Car ce qui est vrai dans l'ordre de l'histoire l'est aussi dans celui de la théorie. Et je crois qu'il y a dans la position du clerc, dans le fait même qu'il existe, qu'un corps social le fomente ou le tolère, quelque chose qui, en soi, est déjà, pour ce corps social, une promesse et une chance.

Car reprenons. L'intellectuel, je l'ai dit, c'est la vérité, la raison, la justice, etc. C'est l'illusion d'un monde où sauraient prévaloir les valeurs de l'universel. L'intellectuel c'est le parti, face à la passion, l'opinion, la pulsion, l'exaltation, de jouer, sans défaillance, la carte de l'intelligence. C'est un peu absurde, sans doute. C'est un peu ridicule. Mais c'est un ridicule qui, pourtant, quels que soient ses performances, ses échecs ou ses points aveugles, n'est pas sans conséquence sur le sort concret du monde. Culte de la guerre. Culte de la violence et de la force... A l'heure où reviennent des discours qui, instruits ou sauvages, nous chantent à nouveau la gloire de l'« instinct » ou les prestiges retrouvés de « la vie », l'intellectuel est un *pari* sur un au-delà de la folie.

L'intellectuel c'est l'abstrait. Le goût de l'abstraction. L'intellectuel c'est le goût des choses pour autant que, subsumées sous un code et un nom, elles ont perdu leur saveur, leur couleur, leur odeur.

Absurde là aussi? Décevant? L'intellectuel, autant le savoir, est toujours un peu décevant. Il est toujours ce maître en désenchantement venant inquiéter ou suspendre notre croyance spontanée au monde. Héritier du prophète biblique plus que du mage inspiré ou païen, il est celui qui, à l'« obscurité » de l'Etre, au divin « chatoiement » de sa crypte, à la glorieuse « multiplicité » de ses modes et qualités sensibles, préférera toujours, par principe, la froide clarté du concept. L'intellectuel contre le mystère. L'intellectuel contre les idoles. L'intellectuel contre le retour, jamais tout à fait conjuré, de la superstition. L'intellectuel? L'un de nos minces remparts contre ce que Freud appelait, dans le propos fameux, la « marée noire de l'occultisme ».

L'intellectuel lui-même n'a pas d'odeur. Il n'a pas vraiment de couleur. Si vous lui demandez d'où il est, d'où il vient et à quoi, au juste, il appartient, il est celui qui, souvent, aura la tentation de répondre, sur le ton de Saint-John Perse face à l'officier d'immigration américain qui le prie, en 1940, de décliner ses nom, prénoms, domicile et qualité : j'habite mon nom, je suis de ma langue, je n'ai d'autre vraie patrie que celle de mes idées et ne me retrouve véritablement que dans les familles d'esprit que j'ai choisies. Le monde est plein de gens qui se sentent fils d'une terre. Il est peuplée d'hommes et de femmes qui se veulent – et se disent – issus d'un sol, d'un sang, d'une race ou d'une racine. C'est parce qu'il y a des clercs que ce type de filiation n'est pas fatal. Des clercs dans une communauté – des clercs qui, pour parler comme Benda, sont effectivement dans leur rôle de clercs – et c'est la preuve qu'il est possible à *chacun* d'alléger, comme ils l'ont fait, la pression naturaliste. L'intellectuel, exemplaire.

Ce n'est pas que l'intellectuel soit, du reste, tout à fait privé de site. Ce n'est pas qu'il tourne le dos à toute espèce d'appartenance, nationale par exemple.

Et l'anti-intellectualiste militant, celui qui, comme Maurras, le sacre « prince des nuées », aura mauvaise grâce à lui reprocher son sempiternel « sans feu ni lieu ». Car il a un lieu, bien sûr. Il a même une nation. Simplement, c'est une nation ouverte. C'est une nation complexe. C'est une nation dont il ne cesse, dans la mesure même où il parle, de traverser, transcender, transgresser la frontière. Le clerc a un territoire, oui – mais il est toujours, ce territoire, un point de départ. Une invitation au voyage et à l'exil. Il est un lieu de traversée avant d'être un lieu d'enracinement. Il y a des clercs chauvins, forcément. Il y a des clercs patriotes. Mais il y a dans la position du clerc, dans la nature même de sa parole et de son adresse au monde, quelque chose qui, n'en eût-il ni la conscience ni le désir, déjoue la bêtise patriote. L'intellectuel, cosmopolite.

L'intellectuel c'est la médiation. C'est la circulation entre les lieux. L'intellectuel c'est le commerce, la spéculation sur les idées. Quoi, le commerce vraiment? Le même mot, exactement? La langue, oui, dit cela. Elle insiste lourdement. C'est comme si elle voulait dire la parenté du clerc et du marchand, du concept et de l'argent – c'est comme si elle cherchait à éventer le secret de notre proximité à l'univers du passage et de l'échange. Avez-vous remarqué comme l'anti-intellectualisme historique frise parfois l'antisémitisme? Avez-vous noté comment, chez Sorel, chez Berth, chez Drieu La Rochelle ou dans le néo-poujadisme contemporain il n'y a pas de mise en procès de l'intellectuel qui ne finisse, un jour ou l'autre, par déraper? Ce n'est pas que l'intellectuel soit assimilé au juif. Ni le juif, forcément, au marchand. Mais c'est qu'il y a dans ces trois signifiants – l'intellectuel, le juif, le marchand – le condensé de toutes les phobies qui enfièvrent, depuis un siècle, l'imagination d'une certaine France. « Intellectuel pétainiste » : une contradiction dans les termes. L'« intellectuel » : une machine de guerre antipétainiste.

L'intellectuel, c'est le débat. C'est la pratique même du débat. C'est l'habitude, le principe, l'exigence absolue du débat. Un intellectuel c'est quelqu'un dont la seule présence indique que la société fait droit aux droits du débat. Et l'intelligentsia, c'est ce corps qui, dans le corps d'une société, donne à penser qu'il n'y a pas de certitude qui ne soit, par hypothèse, justiciable de ce libre débat. L'autorité? Débat. La légitimité? Débat. La loi, le décret, le caprice, le fait du prince? Débat, toujours débat. Tous les intellectuels, certes, ne débattent pas. Tous ne consentent pas au risque d'indétermination inhérent, donc, au débat. Mais j'observe qu'il n'y a pas d'intelligentsia là où un pouvoir d'Etat prétend fonder lui-même sa certitude; et que là où il y en a une, en revanche – même clandestine, souterraine, balbutiante ou bafouée – il y a comme un imperceptible flottement dans les jalons de cette certitude. Les démocraties, elles non plus, n'échappent pas à l'arbitraire. Elles n'échappent pas à la technocratie. Elles n'échappent pas toujours à l'idée, par exemple, d'une technique de gouvernement rétive à la controverse. Sortez votre intellectuel chaque fois qu'un imbécile vous dira que la gestion des hommes est, elle aussi, une science exacte.

L'intellectuel c'est encore la transcendance du Savoir, du Concept, de la Loi. Contradictoire? Non, cohérent. Car les mêmes causes produisant d'autres effets, le pari sur le débat c'est aussi le pari sur l'idée, l'idéalité, l'idéalisme – il n'y aurait pas de débat, disait Platon, il n'y aurait que des chocs, des télescopages d'opinions irréductibles si l'on ne pressentait au-dedans de soi qu'il existe, au-dehors et loin de soi, un horizon de sens où la dispute trouve son enjeu. Ce n'est plus le « lieu commun » du Sartron. Ce n'est plus ce « degré zéro » du discours dont le rôle était, précisément, d'élider le désir de débattre. C'est une transcendance, vraiment. C'est un être soustrait au monde. C'est la croyance un peu folle – mais nécessaire – à des êtres qui ne sont plus des choses mais qui en ont le poids. C'est l'assurance que sans eux, sans l'horizon qu'ils lui promettent, sans le séjour qu'ils lui proposent, l'aventure de la parole serait close depuis longtemps. Peut-être n'y a-t-il, au sens strict, pas d'intellectuel athée.

L'intellectuel c'est l'autre, encore. C'est le souci de l'autre. C'est la certitude, tout aussi folle – et dont j'ai assez dit la part de vanité pour en souligner aussi la gloire –, que je suis, moi qui pense, comptable, responsable, littéralement *obligé* d'autrui. A l'époque du souci de soi, est-ce si dérisoire? A l'âge du repli égotiste, est-il si négligeable que subsistent des hommes et des femmes qui raisonnent de cette façon? Faut-il moquer, vraiment, l'entêtement de ces gens qui, étendant au plus loin le cercle de leur familiarité, élargissant comme nuls autres l'idée pratique d'« humanité », se sentent contemporains, finalement, de tout ce qui se passe sur la planète? Pense ton lointain comme ton prochain. Pense ton prochain comme toi-même. Il y a dans ces commandements, dont quelques-uns de nos intellectuels ont choisi de faire une bannière, un peu de la dignité de l'Europe.

L'intellectuel, enfin, est un homme seul. Un homme qui parle, pense, opine seul. Mais c'est quelqu'un qui, comme on sait, n'a jamais pour autant hésité à mondialiser son opinion. Est-on justifié, demandait Rousseau, à parler au nom du monde quand on a choisi de « faire avec courage » tout ce qui vous « paraît bon » et de ne plus « s'embarrasser aucunement du jugement des hommes »? A-t-on le droit, reprendra Camus, de parler au nom de l'universel quand, renonçant à voir la vérité marcher au pas de la victoire, on a résolu de déserter ces grands rassemblements d'opinions, c'est-à-dire de préjugés, que l'on appelle les majorités? Les pouvoirs totalitaires croient que non. C'est même un article majeur de leur croyance. L'intellectuel pense que oui. Il pense que l'on peut être seul, ou presque, à manifester le vrai. Et c'est pourquoi il est un bon antidote à « cette sorte de servitude douce, réglée et paisible » dont Tocqueville redoutait qu'elle ne vînt « s'établir à l'ombre même de la souveraineté du peuple ». L'intellectuel, contre la dictature de l'opinion. L'intellectuel, contre la religion des majorités.

Tous ces traits, j'y insiste, ne sont pas des « vertus ». Ce ne sont pas des « qualités ». Ce ne sont pas des « propriétés » qui, par je ne sais quelle grâce, appartiendraient toutes, ensemble, et toutes entières, aux intellectuels que nous connaissons. Et lorsqu'elles leur appartiennent, d'ailleurs, ce n'est pas tout à fait « en propre », comme un bien qui serait le leur, qui dépendrait de leur volonté ou de leur intention bonne. L'intellectuel, en fait, n'est pas un homme. C'est une dimension de la société. C'est une part bénie des choses. L'intellectuel, c'est une instance sans quoi le monde irait plus mal encore. L'intellectuel, c'est une institution aussi vitale – peut-être davantage – dans une culture démocratique que la séparation des pouvoirs, la liberté de manifester ou le droit de s'insurger. Ontologie du clerc. Ontologie de l'intelligence. Le clerc, à la limite, est une catégorie de la raison. C'est une région de l'être. N'y en aurait-il qu'un, de clerc, que la région serait sauve – et le monde un peu sauvé.

Un monde sans intellectuels du tout? Non, je ne m'y résous pas.

CHAPITRE III

LES TÂCHES DE LA PENSÉE

ET puis – on finirait, à force, par l'oublier – un intellectuel c'est quelqu'un qui pense. Qui pense, tout simplement. Et il y a dans ce seul fait, dans l'effort qu'il suppose, dans le travail qu'il mobilise, un certain nombre de traits qui ne sont pas, non plus, sans conséquence. Le monde est plein de parleurs. Il est plein de prédicateurs. Il ne manque ni de slogans, ni de boniments, ni d'idées toutes faites, ni de lieux communs. S'il a besoin de ses intellectuels, c'est-à-dire de ses penseurs, c'est qu'il n'a pas encore trouvé mieux, au fond, pour s'opposer à tout cela et résister à la grande marée de stéréotypes qui est en train de nous envahir. On a tort de louer les intellectuels pour leur clarté, leur limpidité, leur souci de rendre simples les questions qui paraissent obscures : c'est quand ils compliquent le monde au contraire, quand ils le *complexifient,* qu'ils sont le plus authentiquement précieux.

Des cas précis? Le *racisme.* Pas le combat antiraciste, cette fois. Pas la mobilisation contre le délire. Mais la réflexion sur ses sources. Le travail sur ses discours. L'idée que, contrairement au lieu commun, l'antisémitisme, par exemple, n'est pas – n'a jamais été – un racisme. Ça vous surprend? Justement. C'est que vous allez trop dans les manifs. Pas assez dans les bibliothèques. C'est que vous n'écoutez pas assez les clercs – Poliakov, Jankélévitch... – quand ils exposent cette thèse, complexe, qu'il y a dans la haine vouée aux juifs une résistance à la Loi, un refus du symbolique, un type de gestion de l'altérité et une phobie de la différence d'autant plus vive et brutale qu'elle est, cette différence, littéralement imperceptible; et que tout cela, donc, on ne le retrouve pas dans le racisme. Deux discours, disent les clercs. Deux logiques bien séparées. Haïssables toutes les deux, certes. Mais que l'on risque, en les confondant, de manquer et l'une et l'autre.

La *différence*. Pas son culte, là non plus. Pas sa rituelle, sempiternelle demande de reconnaissance. Mais ses dangers, au contraire. Ses pièges inconsidérés. Qui, sinon le clerc, dira le peu de cohérence du concept? Qui, la contradiction dans les termes d'un « droit » (par essence universel) à une différence (par essence particulière)? Qui objectera qu'une société « de différences » où chacun se verrait établi dans la forteresse de sa petite différence, serait une société émiettée, tribalisée, idiotisée? Qui, enfin, s'inquiétera d'un principe qui, si on le prenait au pied de la lettre et que l'on tentait – ce qui est proprement la tâche du clerc – de faire de la règle qui le sous-tend une maxime universelle, nous obligerait, en bonne rigueur, à reconnaître au salaud, au bourreau ou au tueur la jouissance, aussi, de leur différence? Idée simple, idée bête. Idée bête, idée qui tue. Les clercs, contre les idées simples, bêtes et qui tuent.

La *jeunesse*. Autre slogan. Et quel slogan! Paré de quels prestiges! Le clerc n'a, bien entendu, pas à « s'opposer » à la jeunesse. Mais il n'a pas à la flatter. Il n'a pas à la révérer. Son rôle n'est pas – il n'a jamais été – de participer de ce juvénisme absurde, bêtifiant, dont on ne répétera jamais assez qu'il connut sa plus haute faveur chez les staliniens et les nazis. Honte à celui qui, en décembre 86, s'agenouillait devant un peuple étudiant supposé miraculeusement porteur du beau, du juste, du bien. Gloire à ceux qui, à l'inverse, et sans jamais cesser pour autant de soutenir le mouvement, ont su lui adresser une parole de vérité – gloire à ceux qui ont su rappeler qu'une révolte n'est pas toujours juste; une réforme pas toujours injuste; un ministre libéral pas toujours, ni forcément, un personnage de peu de mérite; et que l'université, au demeurant, n'échapperait pas à sa nécessaire refonte. Ils n'étaient, ces clercs-là, ni spécialement clairvoyants ni remarquablement audacieux. Ils étaient, simplement, dans leur plus strict rôle de clercs.

La *modernité*. La religion de la modernité. Cet « il faut être absolument moderne » lancé par Arthur Rimbaud un jour d'ivresse ou de génie, mais qui, repris depuis, sans nuances, par tout ce que la France compte de jobards et de crétins, a fini par devenir l'une de nos pires idées reçues. « Modernité » comment, au juste? « Absolument », pourquoi? La question n'est pas posée. L'impératif pas discuté. Et personne, hors quelques clercs, n'a l'air de trouver bizarre que ladite religion ait certes ses mérites, ses vertus indéniables, qu'elle ait été, et qu'elle demeure, la mieux venue des armes contre la bêtise ou la régression en art – mais qu'elle ait pu être, en même temps, une si formidable machine de guerre entre les mains des totalitaires. Un clerc : Laurent Dispot prônant son recours à l'archaïque. Un autre clerc : Marek Halter ressuscitant, face à l'amnésie, sa *Mémoire d'Abraham*. Un autre clerc : Pier Paolo Pasolini revendiquant, face au terrorisme moderniste de l'Italie des années soixante-dix, la nostalgie du Frioul, de Bach et de la peinture de Masaccio. Un autre encore : Roland Barthes le jour où, conscient lui aussi du désastre, il lâche son fameux, et très beau : « Tout à coup, il m'est devenu indifférent d'être moderne. »

Le *Droit*. Ah, le Droit! Ne pas toucher au Droit!

Ne pas toucher, n'est-ce pas, à ce lambeau de certitude, si péniblement sauvé du naufrage de la pensée! Soit. Sauf qu'en se contentant de répéter « le Droit! le Droit! » comme si le mot se suffisait et qu'il n'avait pas, comme les autres, besoin d'être travaillé, on élude, là encore, un certain nombre de questions : ce qui fonde un droit? ce qui le rend juste ou injuste? sa compatibilité, ou non, avec le système de droits qui le précède? ce qui distingue une loi de pur droit d'une autre que dicterait, par exemple, un pur clientélisme? ce qui distingue un Etat de droit, enfin, de cet autre Etat, plein de lois lui aussi, après tout, plein de décrets et de règlements, qu'est l'Etat totalitaire? A ces questions, l'homme des lois ne répond pas. Le supposé bon sens, ne répond pas non plus. Au clerc d'expliquer alors, comme Lefort ou Ferry[1], ce qui sépare un droit octroyé d'un droit obtenu; un droit d'en haut d'un droit d'en bas; un droit où l'on n'entend que le grondement de l'Etat, de celui qui a sa source dans une parole civile; un droit qui norme, quadrille le corps social, d'un autre qui le libère, etc. Homonymie du droit. Confusion des droits. La clarification commence : il est urgent de continuer.

Le *débat*. Personne n'est contre le débat. Personne ne vous dira, tout de go, sans craindre de passer pour sectaire, qu'il lui arrive d'estimer qu'un débat est mal venu. Et n'ai-je pas moi-même, tout à l'heure, fait l'éloge de la forme-débat en tant que telle? Eh bien, justement. Idée simple. Idée toute faite. Je ne fais mon travail de clerc que si, compliquant cette idée simple, défaisant cette idée toute faite, j'ajoute que le débat n'est pas tout; qu'il n'est pas toujours une valeur; qu'il y a des valeurs qui, pour valoir, doivent être soustraites à sa logique : je ne fais mon travail de clerc que si je suis en mesure

1. Luc Ferry, *Philosophie politique* 1, PUF; Claude Lefort, *Essais sur le politique*, Le Seuil, 1986.

de dénoncer tel débat concret, organisé à la télévision et où l'on vit collabos et résistants, en nombre exactement semblable, et très démocratiquement opposés, débattre en toute équité de la question du pétainisme. Il ne fallait pas être grand clerc, ce soir-là, pour voir que la manie du débat, loin d'éclaircir la question, l'avait au contraire obscurcie; et qu'en opposant de la sorte, comme si elles étaient équivalentes, des thèses dignes et indignes, on induisait un trouble terrible dans l'esprit du spectateur. Arbitrée, la collaboration? Historiquement réglé, le conflit Pétain-de Gaulle? Erreur, nous disait-on. Puisqu'il y a débat...

La *générosité,* enfin. L'urgence de la charité. L'idée qu'il faut tout de suite, sans réfléchir ni discuter, se porter au secours d'un homme ou d'une femme affamés. Là, c'est vrai. Mais c'est en même temps faux. Et on a bien vu, sur le terrain éthiopien par exemple, ce qu'opposait à cette idée simple la logique de la complexité. D'un côté un refus de parler, mais aussi de penser, qui faisait de l'aide alimentaire une grande machine décérébrée, sans méthode ni principe, conspirant en fin de compte aux programmes de déportation : Geldof aidait, voilà tout – et crèvent les Ethiopiens. De l'autre un refus de se taire, mais aussi de devenir idiot, qui laissait découvrir une aide tragique, déjouant les plans de ses auteurs et se retournant presque fatalement contre ses supposés destinataires : aider, oui, mais en assortissant cette aide d'un certain nombre de conditions. Là, une effroyable naïveté; ici, une volonté d'intelligence. Là, l'immédiateté d'une bonne intention tournée en son contraire; ici, la médiation du sentiment par ce qu'il faut bien appeler la pensée. Qu'appelait-on penser? Aider, donc. Aider plus que jamais. Mais aider sans tuer.

Ce sont des exemples, bien sûr. Ce ne sont que des exemples. Mais typiques, tout de même, de la grande vulgate sous-culturelle dans laquelle nous barbotons, ainsi que du rôle que, face à elle, sont en mesure de jouer les intellectuels. Non pas qu'ils le jouent tous, d'ailleurs. Ni constamment. Et je ne suis même pas sûr, pour ma part, d'être toujours fidèle à ce programme de « complexification » que je suis en train de nous assigner. Mais enfin c'est le mien. C'est le nôtre. C'est en quelque sorte notre fonction. J'allais presque dire notre essence. Ou, au moins, notre métier. Et s'il est clair que nous ne l'exerçons pas toujours, ce métier, avec le souci qui s'imposerait – il est non moins clair, hélas, qu'il n'y aura jamais personne pour l'exercer à notre place. Geldof ou Coluche, si l'on préfère, ont leurs mérites. Ils ont leur talent. Ils ont, eux aussi, leur métier. Et sans doute n'ont-ils pas leur pareil pour recueillir de l'argent, le gérer, le distribuer, susciter l'enthousiasme du peuple humanitaire, créer des restaurants du cœur, organiser des grand-messes, que sais-je encore? Pour le reste, il faut qu'ils se taisent. Et si nous ne voulons pas que la lutte antiraciste, la revendication de la différence, le combat pour les droits, etc., ne tournent au cauchemar, il faudra bien que les intellectuels, eux, recommencent de parler.

IV

INTELLECTUELS DU TROISIÈME TYPE

CHAPITRE PREMIER

L'AVENIR D'UNE ILLUSION

Le feront-ils? Le pourront-ils? Et si oui, à quel prix? Moyennant quels conversions, mutations, renoncements peut-être, ou renouements? On entre là, je le sens bien, dans la zone la plus périlleuse de cette analyse. Avec risque, si l'on n'y prend garde, de vœux pieux, belles intentions, coups de force imaginaires ou programmes mirobolants. Prudent – et logique – je m'en tiendrai, pour le moment, à l'épure de la question. C'est-à-dire à ces quatre ou cinq conditions de possibilité dont on a vu qu'elles avaient servi de bâti à la figure de l'intellectuel – et que c'est d'elles que dépend, aujourd'hui encore, qu'elle disparaisse ou se reconstitue.

La première de ces conditions c'était, on s'en souvient, la foi dans la Raison. J'ai dit qu'elle était ruinée. J'ai dit comment, pourquoi. Mais ne pourrait-on dire la même chose, après tout, des irrationalismes qui l'ont remplacée? Ne sont-ils pas, eux aussi, en train de se décomposer? Il y a eu ce bergsonisme diffus qui a longtemps été l'une des sources majeures de notre philosophie moderne et dont le dernier surgeon a été le deleuzisme. Il y a eu cet heideggerisme new-look, étrangement marqué à gauche et qui, chantant les mystères de l'« Etre », de son « Oubli » ou de son ineffable « Dévoilement », a connu son vrai triomphe au moment où s'effondrait la grande synthèse hégélienne. Ces trois dispositifs, pour un certain nombre de raisons dans le détail desquelles il n'est pas question d'entrer ici, se portent plutôt mal. Pas beaucoup mieux, en tout cas, que celui qu'ils devaient périmer. A nous de précipiter leur déclin. A nous d'accélérer leur décomposition. A nous de refuser Bergson sans retomber dans les bras de Marx, de critiquer Heidegger sans revenir dans l'ornière hégélienne – à nous d'en finir une bonne fois, mais sans céder à d'autres tentations, avec nos vieux restes de spontanéisme gauchisant. Ce ne sera, certes, pas le « grand retour » de la Raison. Mais ce serait, peut-être, les chances retrouvées du discours. Article premier du programme.

Le second concernerait l'idée de vérité. Difficile, là aussi, de revenir en arrière. Et je ne crois même pas qu'il soit souhaitable, tant la régression serait massive, de voir complètement s'inverser la pente d'un déclin auquel contribua, qu'on le veuille ou non, le meilleur de nos sciences humaines et des philosophies du soupçon. Ce que je pense, par contre, c'est qu'il y a vérité et vérité. Idole et idée. Ce que je pense, c'est que, lorsque la croyance a perdu ses droits, le pari retrouve les siens et que rien ne nous interdit plus de parier sur une Idée de vérité qui n'aurait d'autre fonction, cette fois, que d'opposer le roc de son postulat à tous les théoriciens de la stricte équivalence des points de vue. Cette vérité-là, elle n' « existerait » pas. Elle n'aurait pas de site dans l' « Etre ». Elle ne serait nullement justiciable d'une éventuelle « ontologie ». Ouverte, informulable, indéfiniment poursuivie, définitivement inachevée, elle serait juste le contraire de la vérité substantielle de jadis. Mais enfin, dans la mesure où elle continuerait de s'appeler « Vérité » et de faire deviner, hors des limites de notre entendement, mais à l'intérieur, en revanche, de celles de la raison pratique, un horizon possible d'universalité, elle ne laisserait plus tout à fait le champ libre aux idéologies perspectivistes. La vérité est une, l'erreur est multiple, disaient les manuels classiques. L'erreur est simple, toujours très simple, et la vérité complexe, répondrait l'esprit nouveau. Quitte à chercher ses raisons du côté de chez Popper et de sa « philosophie ouverte ». De Kant et de ses « idées régulatrices ». Ou encore de Lessing allant jusqu'à se réjouir, lui, de la précarité d'une vérité qui, parce qu'ouverte justement, indéfinissable et infondable, est la seule garantie que nous ayons de ne pas voir s'interrompre le débat entre les hommes.

Le troisième article du programme concernerait l'idée de justice. Même démarche. Même urgence à renvoyer dos à dos le naturalisme qui pouvait la soutendre et l'historicisme qui, en tout cas, la nie. Et même nécessité, surtout, de conserver, du vieux mythe, sa part non de croyance mais de pari. Ce qui est décisif sur ce terrain-ci – et qui contribuera à l'entreprise – c'est le crédit dont semble à nouveau jouir, aux yeux mêmes de ses héritiers, le principe occidental. Longtemps, l'Occident a été coupable. Longtemps, il s'est vécu criminel. Longtemps, le fait même de naître occidental était assimilé à un péché. Et nous n'avions pas assez, nous, les intellectuels, de toute une œuvre et de toute une vie pour expier notre faute originaire. Aujourd'hui les choses changent. Elles ont déjà changé. Et les intellectuels, éberlués, commencent de redécouvrir sur quels fabuleux trésors ils avaient si longtemps pu faire l'impasse. Penser l'Occident, oui. Penser l'Occident comme culture. Penser l'Occident comme mémoire. Penser la culture et la mémoire de l'Occident comme sources, excusez du peu, des droits de l'homme, de l'antiracisme ou de l'anticolonialisme. Et penser cet Occident dans les têtes qui, à l'est de l'Europe, est conçu, fantasmé et vécu comme la plus étincelante des promesses de liberté. Si cette pensée va jusqu'au bout, alors vacillera le conformisme relativiste. Si nous la menons jusqu'à son terme, alors ces vieilles valeurs déchues, privées de transcendance retrouveront peut-être, à défaut, une manière d'autorité[1].

Quatrième article : la reconstitution, impérative, de nos ensembles de valeur et de leurs hiérarchies internes. Non pas, une fois encore, que cela puisse se décréter. Ni que j'imagine le peuple de nos clercs réuni en conclave pour, à la façon des prêtres conciliaires, proclamer urbi et orbi un index de dogmes et interdits. Ce qu'ils peuvent faire, pourtant – et cela, toutes affaires cessantes – c'est résister à la vague qui emporte ces interdits, les insulte, les périme. Question du racisme, évidemment. Question de l'antisémitisme. Problème de cette prétendue « école » qui entend réviser l'histoire des chambres à gaz. Ce sont là, notait Blanchot dans son article déjà cité, les questions les plus constantes qui ont sollicité les intellectuels. C'est autour d'elles, aussi bien, et pour des raisons analogues, que devra cristalliser la vigilance. Je ne dis pas que la partie soit gagnée. Ni même qu'elle soit vraiment engagée. Et je suis bien conscient du cercle lorsque j'invite les intellectuels à s'adosser à des tabous qui ne tiennent en vérité que par eux. Tous les cercles, cela dit, ne sont pas vicieux. Celui-là, moins que tout autre. Et je ne vois pas, sans cet effort, que nous retrouvions notre être ni nos raisons.

La cinquième condition de possibilité de l'intellectuel classique c'était sa propension à « sortir de sa compétence » pour, disait-on, « se mêler de ce qui ne le regardait pas ». Tout, là non plus, ne dépend pas de lui. Et il n'est pas maître, c'est sûr, des complexes mécanismes qui sont en train de discréditer l'idée même d'un savoir général, sans spécialité ni compétence. Ce qui dépend de lui, pourtant, c'est l'audace.

1. *Cf.* Pascal Bruckner, *Le Sanglot de l'homme blanc*, Le Seuil.

C'est le parti pris. C'est d'être capable de refaire, à ses propres frais, le geste de Zola interrompant son œuvre pour rédiger son *J'accuse*. Ce qui dépend de lui c'est de comprendre, notamment, qu'un peu de sa légitimité se joue ici – autant, en tout cas, que dans une université en perdition ou un idéal scientifique frileusement ressuscité. Paix, je l'ai dit, aux purs écrivains qui affrontent dans la solitude de tout autres enjeux. Paix aux purs penseurs qui ont choisi de ne s'occuper qu'à tenter de mettre le monde au rouet de l'intelligence et du concept. Mais quand je vois les rescapés du structuralisme se disputer l'Ecole des Hautes Études, ceux de la nouvelle philosophie ne rêver que d'études savantes et les disciples d'Aron se transformer en fonctionnaires de l'aronisme, je me surprends, c'est vrai, à regretter le café de Flore.

Et puis comment ne pas songer qu'à défaut de retrouver ce magistère sacerdotal qui fut le sien et qui est, lui, je le crains, bel et bien mort et enterré, l'intellectuel ne doive, s'il veut survivre, renouer avec les « systèmes »? L'époque, je l'ai dit, n'en veut plus. Elle condamne, pour le moment, tout ce qui, de près ou de loin, ressemblerait à ça. Mais est-il absurde de rêver que les choses, ici aussi, se retournent? Est-il impensable de voir les intellectuels retrouver le goût de cette « grande forme », traversant tous les arts et les œuvres, dont Hermann Broch disait déjà qu'elle était ce qui manquait le plus au monde où il vivait? S'ils ont donné congé à l'idée, probablement intenable en effet, qu'un même esprit pouvait progresser de front, et avec une égale pertinence, dans les champs de la culture les plus éloignés les uns des autres, est-il inconcevable de revoir des philosophes, depuis leur point de vue de philosophes, et avec les instruments qu'il leur réserve, réfléchir sur la peinture, intervenir sur l'architecture ou opiner en politique? Est-il inconcevable, à l'inverse, de revoir des peintres, des architectes, etc. se servir de leur œuvre, et de l'intelligence qu'elle a des choses, comme d'une sorte de longueur d'onde qui traverserait l'époque, gouvernerait leur regard et dessinerait, elle aussi, les contours d'une vision du monde?

Il y a un passage, dans *La Prisonnière,* où Proust compare la musique de Vinteuil à une voix qui atteindrait « sa propre essence à des profondeurs où, quelque question que l'on pose, c'est du même accent, le sien propre, qu'elle répond »; puis où il dit que le très grand musicien est celui qui « entonne, quel que soit le sujet qu'il traite, ce chant singulier dont la monotonie – car quel que soit le sujet qu'il traite, il reste identique à lui-même – prouve la fixité des éléments composants de son âme ». Eh bien, je rêve, pour les intellectuels, de ces « chants monotones ». Je rêve de la « fixité » de cet accent. Pour qu'ils reviennent, il faudra *aussi* qu'ils sachent retrouver un style.

CHAPITRE II

NE PAS CÉDER SUR LA PENSÉE

CE retour, toutefois, n'est pas une restauration. Il ne doit pas l'être. Il ne peut pas l'être. Et l'on sent trop de flou, d'imprécision dans ce qui précède (une condition de possibilité qui résiste, une autre qui cède, une troisième qui s'effrite, la quatrième qui ne sait pas bien...) pour ne pas en conclure que la figure de l'intellectuel, si elle parvient à se recomposer, le fera de toute façon sous une *tout autre forme*. A quoi ressemblera-t-elle? On en est réduit, là aussi, à la pure supputation. Mais enfin en mettant bout à bout ce qui précède, en combinant ce qui s'est perdu et ce qui peut se retrouver, en rassemblant tous les fragments épars de ce visage en ruine, je crois que l'on parvient tout de même à un portrait-robot convenable. Mettons, pour d'emblée le distinguer de tout ce dont il doit, irréversiblement, faire son deuil : un intellectuel du troisième type.

L'intellectuel du troisième type sera moins « engagé », par exemple. Forcément. Fatalement. Il se sentira moins nécessairement requis par ce chantage à l'engagement dont j'ai décrit quelques versions. Moins de mauvaise conscience. Moins de volonté d'expiation. L'intellectuel du troisième type écrira. Il pensera. Il parlera parfois. Mais il n'aura plus, je crois, la religion de l'engagement.

Il s'engagera, néanmoins. Oui, je pense qu'il s'engagera. Car comment faire sans cela? Comment résister à l'invitation? Comment, quand sa voix porte, ne pas être tenté de la faire donner? Cas extrême de Broch voyant en Néron le modèle du « littérateur esthétisant » et de la rencontre avec le monde un devoir éthique fondamental. Cas inversement extrême d'un Claude Simon qui parle, je dis bien parle, trois fois, quatre peut-être, dans sa vie – une pendant la guerre d'Espagne, une autre en face des nazis, une troisième au moment de la guerre d'Algérie, la quatrième en Mai 68. L'intellectuel du troisième type, qu'il soit prolixe ou rare, ne cessera jamais vraiment d'être l'obligé du monde.

Quand il s'engagera, cela dit, il le fera d'une manière autre. Moins de tapage d'abord. Moins de spectacle. On ne reverra pas de sitôt Sartre sur son tonneau. On ne reverra plus de ces « grands intellectuels » faisant fièrement rempart de leur nom en face d'un peuple silencieux. Signatures... Manifestes des 121... *La Cause du Peuple* dans la rue... Arrêtez Voltaire, si vous osez... Jetez-moi donc en prison... Démodé, tout cela. Dépassé. Légèrement ridicule et vain. C'est le type même de « fonction » auquel l'intellectuel du troisième type devra, intégralement, renoncer.

Il le fera avec moins de passion, aussi. Avec moins d'excitation. Il le fera avec une prudence – non, le mot n'est pas heureux : avec une réserve ou un sang-froid – dont il avait perdu le sens. Car il sait que la vérité est – mais qu'elle n'existe pas. Il sait qu'elle vaut – mais qu'elle ne cesse de se dérober. Il ne vit plus dans cette familiarité si précieuse, si merveilleusement rassurante! avec un idéal dont il se savait le lieutenant. Il a perdu son assurance. Il a perdu son arrogance. Il vit – et il n'est pas près d'en sortir – le deuil de la Vérité.

Il n'adhère qu'à demi. Il ne s'associe qu'à distance. Jamais, au grand jamais, il ne s'engagera dans un combat sans avoir, au-dedans de soi, préservé cette plage de dégagement qui lui permet de réfléchir. Il aurait, en pensée tout au moins, désavoué les révoltés iraniens dès la chute du Chah. Il aurait – en pensée encore et même s'il avait, tout compte fait, continué de les soutenir – désavoué les Vietnamiens dès l'été 1968. Il n'épousera jamais de cause dont il n'ait, d'entrée de jeu, mesuré toutes les raisons qu'il pourrait avoir de les abjurer. Il n'épousera jamais « la » cause, du reste, mais ce courant-ci, cette tendance-là – et encore, dans cette tendance, la sous-tendance ou le sous-courant dont il lui plaît de croire, allez savoir pourquoi, qu'ils incarnent au plus près les nuances de sa couleur. L'intellectuel du troisième type sera flou. Douteux. Il pratiquera l'équivoque, l'ambiguïté généralisées. Collant, jusqu'aux limites de la décence, à la caricature qu'on lui inflige, il sera incertain, hésitant, embarrassé, perplexe. Il n'y aura pas de soir, qu'il ne se demande ce que sera son parti du lendemain; pas de matin qu'il ne s'interroge sur sa fidélité du soir. Il a, *il devra avoir,* la trahison dans le sang.

Sera-t-il toujours, au moins, ce vaillant petit soldat de la contestation permanente dont notre album de famille a immortalisé l'image? Non. Même pas. Car pourquoi permanente? Pourquoi toujours et partout? Au nom de quoi, de qui, cette bougonne suspicion? Cela aussi s'est écroulé. Cela non plus ne veut plus rien dire. Et si cela ne veut plus rien dire, c'est que s'est écroulé aussi, avec tout son cortège de mythes et de réflexes, le désir de révolution qui, au fond, le soutenait. Finie, d'ailleurs, la « contestation » : il ne restait qu'une plate « critique ». Finie, depuis longtemps, la gloire de l'insoumission : l'horizon disparu, il ne demeurait que le fade ragoût du « citoyen contre les pouvoirs ». Etrange, vous ne trouvez pas, comme cette figure d'Alain a dominé, mine de rien, notre pensée depuis trente ans?

Etrange comme nous nous sommes tous, en fin de compte, si benoîtement coulés dans le bon vieux moule radical. L'intellectuel du troisième type rompra avec le modèle radical. Il sera « contre » quand il serait intolérable d'être « pour ». Il sera « pour » quand il serait dérisoire d'être « contre ». Mariant l'ancienne « éthique de conviction » à une « éthique de responsabilité » qui le dépaysera un peu, il se refusera les facilités de la révolte vide. « Jamais plus les conseillers des princes »? J'ai écrit cela, en effet. Je le réécris aujourd'hui. Car jamais, non, jamais, nous n'irons plus à Syracuse. Ce que j'ajoute aujourd'hui c'est que l'irresponsabilité pourrait bien être, tout bien pesé, un autre visage de Syracuse.

L'intellectuel du troisième type sera pessimiste, en revanche. Oh! Je n'ai pas dit chagrin. Je n'ai même pas dit sombre. Car il sera plutôt gai, après tout. Plutôt content de lui et de son sort. Moins tricheur en tout cas. Moins duplice. Moins prisonnier de son éternel double langage : rieur dedans, chagrin dehors; jouisseur en privé, militant en public. S'il aime la vie, il aimera la vie. S'il aime les livres, il aimera les livres. Et on ne le verra plus, comme Althusser, lire Chateaubriand en secret – ou, comme tant et tant d'autres, attendre le soir de sa vie pour dire son goût du luxe, des femmes, des palaces et du plaisir. Fin de la schizophrénie. Très soutenable légèreté.

Pessimiste donc. Pourquoi pessimiste? Parce que ciel vide. Solutions totales impossibles. Et retour, la crise aidant, de quelques vieilles vérités oubliées par la pensée. Que l'espèce est ce qu'elle est. Que cela dure depuis quelques milliers de milliers d'années. Que ça n'a, à vue d'Histoire, pas beaucoup de chances de s'améliorer. Que ce sera toujours la même ronde, la même sarabande du désir, du manque, de la loi. Et que nos petits et grands conflits, nos guerres d'âmes et de corps, nos corps à corps avec la faute, le sexe ou le malheur, il faudra bien se faire à l'idée que ce ne sont pas des accidents, des erreurs de calcul, des malencontres. Le tragique, en philosophie, c'est l'éternité du malentendu. L'intellectuel du troisième type aura le sens du tragique.

Sera-t-il de droite? De gauche? Ce qui est sûr, c'est que si l'on entend par « socialisme » cette manie de nous dire que tout ça, toute cette misère, tout ce petit tas de malheurs et ce gros lot de détresses, allez donc, ça s'arrangera, ça s'en ira avec le système – l'intellectuel du troisième type ne sera pas socialiste. Ce qui est sûr, également, c'est que si l'on entend par « libéralisme » cette autre fichue façon de vous assurer que tout ça, tous ces conflits, toute cette guerre de tous contre tous qui déchire le tissu social, le tire à hue et à dia, eh bien calmez-vous donc, ça va finir par se mettre en ordre, la « main invisible » est toute-puissante et le libéral est son prophète – l'intellectuel du troisième type ne sera pas non plus libéral. Ni ceci. Ni cela. Pas non plus ce ninisme trop compromis avec le Sartron. Il devra bien, en fait, s'accommoder de son impasse.

Bon. Mais de gauche? De droite? Est-ce qu'il pourra s'échapper, s'esquiver si facilement? Non, alors, ne pas s'esquiver. Car ce n'est pas rien, après tout. Ce n'est pas une mince question. Ce n'est pas une mince histoire. Ce n'est pas un mince patrimoine qu'elles transportent toutes les deux, sur notre droite, sur notre gauche. Eh bien donc, article un : la droite et la gauche existent. Article deux : elles existent comme des noms, des histoires, des patrimoines. Article trois : celui qui le nierait, qui révoquerait en doute cette existence serait à peu près aussi comique que s'il doutait du Parnasse, du Romantisme ou du Théâtre. Article quatre : il y a un troisième larron qui, en revanche, a récemment troublé la fête et qui s'appelle le totalitarisme. Article cinq, donc, et dernier : il y a des totalitaires de droite, des totalitaires de gauche, des antitotalitaires de gauche, des antitotalitaires de droite. Se repérer dans tout ça? Choisir la gauche contre la droite? La droite contre la gauche? Choisir l'une ou l'autre, selon qu'elle choisit elle-même son camp dans l'autre affaire? C'est très exactement la tâche imposée. L'intellectuel du troisième type : un jeu à quatre termes.

Antitotalitaire alors? Totalement? Exclusivement? Et le verra-t-on, un coup à droite, un coup à gauche, courir la planète comme un chien fou à la recherche de ses morts de gauche, puis de ses morts de droite, puis de ses morts de gauche à nouveau, de peur que l'équilibre n'y soit pas encore tout à fait? Grotesque. Intenable. Complètement pris, surtout, dans le minimalisme mou dont il aura entrepris de se libérer. Aimer tout le monde, c'est n'aimer personne. Amour sans visage n'est qu'amour de soi prolongé. Et on sait depuis Marat, Robespierre et quelques autres que les « amis du genre humain » ont toujours été, en réalité, ses plus acharnés assassins. Sans doute vais-je choquer. Mais je n'aime pas le « genre » humain. Je me moque de son salut. Et de même que Baudelaire, encore lui, revendiquait « le droit de choisir ses frères », je revendique, moi, le droit de choisir mes morts. Que l'intellectuel du troisième type, s'il se veut afghan, se veuille afghan. S'il se veut polonais, qu'il soit polonais jusqu'au bout. Et, de grâce, qu'il ne déserte pas la cause des Polonais, qu'il ne laisse pas tomber les résistants afghans sous prétexte que d'autres, à l'autre bout du monde, lui proposent un martyre plus attrayant.

La seule chose que je demande, dans ce cas, à l'intellectuel du troisième type c'est, maxime pour maxime, de veiller au strict respect de la forme kantienne de la maxime. Agis en sorte, etc. Oui, agis en sorte qu'en soutenant les Afghans, la forme de ta maxime puisse être universalisée. Agis en sorte que si tout le monde, tout à coup, soutenait comme toi les Polonais, il s'en suivrait pour le monde non pas *plus*, mais *moins* de barbarie. Es-tu sûr, en revanche, lorsque tu t'alignes sur un terroriste palestinien, un sandiniste, une victime communiste sud-américaine elle-même alignée sur l'internationale totalitaire, de faire en sorte... – la suite est connue.

Ce que je lui demande encore, c'est l'autre cohérence – celle qui permet d'harmoniser une action et une pensée. Evident? Pas si sûr. Souvenez-vous de ces structuralistes qui défendaient les droits de l'homme mais ne croyaient pas à l'homme. Souvenez-vous de ces marxistes qui se réclamaient de l'éthique, mais ne savaient plus ce qu'éthique voulait dire. Là aussi, la crise aura eu du bon. En rétablissant sa position, et en la rétablissant comme je le dis – c'est-à-dire en ne cédant plus jamais sur l'exigence de la pensée – l'intellectuel du troisième type aura la philosophie de ses engagements.

Ne pas céder sur la pensée. Je l'ai dit. Redit. Je le redis encore. Et peut-être est-ce, au fond, le trait dominant de ce portrait. Penser contre la droite... Penser contre la gauche... Penser contre la vulgate... Penser contre l'antivulgate... Penser contre la majorité, la minorité, la majorité de la minorité, la minorité de la majorité... Penser contre soi...Penser contre sa propre pensée... Penser contre la part de non-pensée qui cristallise dans une pensée... Penser contre la pierre des idées... Penser contre la pire pierre, qui est la pierre de ses *propres* idées... Ne lui resterait-il qu'un pouvoir, que c'est sur ce pouvoir de penser que je lui demanderais de ne pas céder. Un intellectuel mort? Un intellectuel qui a cédé sur la pensée.

CHAPITRE III

HOMO CATHODICUS

UN mot encore. Un tout dernier mot. A propos de cette fameuse question des médias et de la responsabilité qu'on leur impute ici et là – autant dire un peu partout – dans la crise actuelle de l'intelligence.

Sous-estimation de la crise, je l'ai dit. Sous-estimation de ses enjeux. Si ce livre a un sens, c'est à suggérer qu'elle pourrait presque se raconter, cette crise, sans référence à cette question. C'est qu'elle pourrait presque se lire comme un épisode spécifique, interne à l'histoire de nos clercs. *L'Archéologie du savoir* de Michel Foucault paradoxalement – et à son insu – plus « responsable » de notre désarroi que telle ou telle star du petit écran. Paul Valéry regrettant, dès 1926, que Marx, Nietzsche, Darwin, aient vu leurs idées « utilisées, soustraites à l'intellect où elles furent conçues, isolées de leurs conditions complexes de naissance, débitées en formules fortes et grossières[1] », bref médiatisées.

Exagération magique, souvent comique, de leurs supposés pouvoirs. Cela a commencé avec les hommes politiques, tous convaincus que c'est par la télévision que se gagnent – ou se perdent – les élections. Cela continue avec les intellectuels, tous également persuadés que c'est dans le tube cathodi-

1. Paul Valéry, *Réponse à une enquête*, Pléiade, p. 1149.

que que se perd – ou se sauve – une âme. Opposer un peu de distance à cette fascination. Un peu de réserve. Un peu de cynisme aussi. La télé est là. Je m'en sers. J'essaie qu'elle ne se serve pas trop de moi. Je trouverais aussi niais de la porter aux nues que de la traîner en enfer.

Absurde surtout, indigne d'un intellectuel, de parler des « médias » en général. D'en parler comme d'un tout, comme d'un bloc homogène. Absurde de voir dans la « logique » globale qu'on leur prête et qui n'est le plus souvent que le fruit de notre imagination, je ne sais quel principe fatal qui découragerait la pensée. Je pourrais citer dix cas de penseurs, d'écrivains, qui ont fait avec les médias le meilleur des ménages possibles. Cas de Mauriac. Cas de Kessel. Cas de Mallarmé, oui l'impeccable Mallarmé, le plus rigoureusement intemporel de nos poètes, avec son journal de la « dernière mode ». Cas de ces très grands journalistes que furent, quoi qu'on en dise, Marx, Engels ou Trotski. Dieu sait si je ne suis pas marxiste. Mais peut-être serai-je, en la matière, quelque peu hégélien. La lecture du journal, prière matinale du philosophe... Le travail journalistique, forme la plus achevée de l'activité intellectuelle... Je crois, moi aussi, qu'il y a dans un article de journal une rencontre de l'urgence et de l'exigence, du style et de la circonstance qui pourrait bien être, après tout, une bonne définition de la pensée.

C'est vrai de la presse, dira-t-on. De la presse réputée « écrite ». Mais les choses ne changent-elles pas avec le passage à l'audiovisuel? à sa normalisation? à son nivellement programmé? Oui, en effet, elles changent. Elles changent même du tout au tout. Mais pourquoi veut-on que le changement aille fatalement dans le sens de la normalisation? Pourquoi veut-on que l'image soit toujours, forcément, de la parole déchue, de l'écriture au rabais? De deux choses l'une. Ou bien on confond les genres justement; on fait comme s'il s'agissait de la même chose, mais en pire; on va à la télévision dans l'idée d'exposer en détail, en dix minutes, les tenants et aboutissants d'une doctrine philosophique complexe; alors, oui, on court droit à la simplification, on conspire à l'abrutissement le plus complet. Ou bien on les distingue au contraire; on prend leur partage au sérieux; on sait que la parole livresque et la parole audiovisuelle sont deux paroles hétérogènes, homonymes l'une de l'autre; et alors c'est tout un champ de possibles qui s'ouvre, tout un alphabet, toute une syntaxe, toute une série de tours, détours, tropes et systèmes métaphoriques dont nous n'avions pas idée et qui n'ont pas de raison, à priori, d'être plus pauvres, ou plus sommaires que d'autres.

Effets de sens. Effets de langue. Effets de discours et de rhétorique. Sans parler de ce formidable « effet de vérité » qui est propre à la télévision. Elle a tous les défauts que l'on voudra. Il y en a un qu'elle n'a pas : elle ne sait pas mentir. Regardez les hommes publics. Regardez comme elle les traite. Regardez comme elle les dévoile, les débusque, comme elle les met mal à l'aise, comme elle les force à se livrer ou à improviser. A la télévision, je l'ai parfois dit, on lit à livre ouvert dans les visages. On pense comme une fille enlève sa robe. Il y a, dans ces « heures de vérité » si bien nommées, une mise à nu du personnage qui me semble tout à fait passionnante et qui n'est pas, soit dit en passant, sans intérêt dans une démocratie. Les hommes politiques apprennent à mentir? C'est l'autre miracle du médium que les téléspectateurs apprennent, du même pas, à détecter le mensonge.

Objection possible, bien sûr : la règle vaut pour les politiques. Elle ne vaut pas pour les écrivains. Car pourquoi mettre un écrivain à nu? Pourquoi percer le masque? Pourquoi, à quoi bon, chercher l'homme sous le travesti, la vérité sous l'apparence? La vérité, dans son cas, est ce qu'il a de moins essentiel. L'apparence, ce qu'il a de plus ouvré, ouvragé, travaillé. Et l'on imagine l'auteur du *Contre Sainte-Beuve* venir nous rappeler que le « moi profond » du romancier n'ayant par définition pas de rapport avec son « moi social », l'idée de lui faire exposer sur un écran cathodique son petit tas de secrets n'a, à la lettre, pas d'intérêt. C'est vrai. C'est probablement même la seule objection un peu sérieuse que l'on puisse faire à l'apparition d'un écrivain dans les grands shows culturels d'aujourd'hui. Mais enfin, dans le cas qui m'occupe l'objection ne vaut pas. Elle ne convient pas à ces écrivains dont je parle depuis le début et que j'appelle « les intellectuels ». Ils sont, ces écrivains-là, déjà exposés. Toute une part de leur être est d'ores et déjà publique, politique, engagée. Pourquoi, alors, se dérober? Pourquoi reculer? Au nom de quelle étrange pudeur hésiter tout à coup devant cette ultime exposition? Qu'un Samuel Beckett se dérobe, je le comprends. Mais qu'un Debray, enfoncé lui aussi, comme nous tous, dans la tourbe du monde, se drape dans la pose de la vierge effarouchée, on le comprend moins bien. Difficile de ne pas entendre dans ce refus une « résistance »; dans cette résistance, l'écho d'une panique mal maîtrisée; et dans la médiaphobie contemporaine, des raisons qui n'ont que peu à voir avec la défense de la pensée.

Effets de sens, donc. Jeux de langage. Performances inédites. Stratégies discursives sans commune mesure avec les stratégies écrites. Un exemple de cette parole autre : Wim Wenders jouant *très tôt* le jeu du petit écran. Autre exemple : Andy Warhol inaugurant, dès 1980, son Andy Warhol's TV. Autre exemple encore : Bob Wilson proposant, avec son « Vidéo 50 » ou son « Deafman glance », une véritable révolution dans la rhétorique télévisuelle classique. Ce ne sont pas des écrivains. Mais ce sont des artistes. De grands artistes. Et qui ont tous trois ce point commun d'avoir compris le profit qu'ils pouvaient tirer, à l'intérieur même de leur art et de ses stratégies les plus exigeantes, d'une intégration réglée d'un certain nombre d'éléments venus de la planète médias; tous trois ont compris, en fait, qu'ils ne pouvaient pas, sous peine de mort ou de décomposition, tourner purement et simplement le dos au grand déferlement hertzien.

Les écrivains, pendant ce temps?

Les écrivains, à de très rares exceptions près, continuent de ressembler à ce héros de Borges qui, au moment de l'invention de l'imprimerie, craignait de voir le monde englouti sous un torrent de livres inutiles.

Ils continuent de raisonner à la manière d'Apollinaire décrétant au début du siècle que la typographie était en train de « terminer brillamment sa carrière à l'aurore des moyens nouveaux que sont le cinéma et le phonographe ».

Ils vivent toujours à l'heure des vieilles analyses d'Adorno qui, au moment du triomphe de la photo, du cinéma et du microsillon, lançait déjà le cri d'alarme que reprennent, terme pour terme, ses héritiers d'aujourd'hui : la nouvelle culture bouleverse notre perception de l'art; elle remodèle notre appréhension du réel; elle prive les œuvres de cette irremplaçable « aura » qui en fait la singularité; elle nous mène dans l'antichambre de la barbarie et de la bêtise organisées.

Ils vivent, plus exactement, à l'heure des poncifs marxistes les plus primaires : l'économie commande aux œuvres; elle leur dicte leur forme, leur style, leur talent. L'histoire réelle dément-elle le poncif? Désavoue-t-elle le postulat? L'histoire de la littérature démontre-t-elle que, lorsque Eugène Sue se laisse absorber par les médias de son temps et modèle son roman sur la commande qu'ils lui adressent, la littérature ne meurt pas pour autant – Stendhal reste Stendhal, Flaubert reste Flaubert? Le poncif n'en a cure. Nos terroristes n'en persistent pas moins à répéter qu'à l'époque d'*Apostrophes,* on écrit pour *Apostrophes.*

Ils vivent enfin – et c'est peut-être l'essentiel – dans la hantise de cette dissolution du réel dont la multiplication des médias donne en quelque sorte l'avant-goût. Plus de réel, non. Plus de choses. Plus de matière. Rien que des reflets. Des reflets de reflets. Des simulacres ou des semblants. Fellini, au moment de l'attentat contre le Pape, a dit de belles choses sur l'imminente « disparition de la réalité ». Un autre Italien, Pier Paolo Pasolini, a souvent insisté sur la « dématérialisation » du monde induite par la prolifération des ondes. Et nous avons un romancier, Guy Scarpetta[1], qui a bâti toute une fiction, pas si fiction, pas si fictionnelle qu'elle en a l'air, sur l'idée d'une planète s'épuisant, se dissolvant et, finalement, disparaissant avec les derniers relais hertziens.

Devenir-ondes du monde... Devenir-monde des ondes... Exténuation ondulatoire d'une réalité éclipsée par ses signes, ses ombres, ses leurres... L'idée, moi, me plaît bien. J'aime sa légèreté. J'aime la très grande liberté qu'elle suggère. J'aime le délestage qu'elle suppose dans nos bonnes vieilles croyances aux « vérités éternelles de la nature humaine ». Je l'aime, comme j'aime la grande folie télématique, informatique, cybernétique contemporaine. Et si j'aime tout cela, si je me refuse à la panique ou à la phobie, c'est que j'y devine non des empêchements, mais des renforts à la pensée. Gouffre des possibles. Ivresse des probables. Eblouissante accumulation, en un point minuscule du monde, de toute sa mémoire.

1. Guy Scarpetta, *L'Italie*, Grasset, 1983. *Cf.* aussi sur la question des rapports entre littérature et télévision, *L'Impureté*, Grasset, 1985. Egalement sur le même thème : *Art-Press*, spécial Audiovisuel, juin 1982.

Et puis vertige de cette « intelligence artificielle » dont le seul nom, telle une fabuleuse chimère, m'a fait toujours rêver. Saurons-nous relever le défi? Saurons-nous, sans rien céder sur l'essentiel, vivre à l'heure de ce nouvel univers? Saurons-nous intégrer, absorber, *traiter* même dans nos livres cette révolution sans pareille? L'enjeu est là, en tout cas. Si nous y parvenons, la littérature résistera et, en avalant ce qui prétend la dominer, elle assurera sa survie pour longtemps. Si elle n'y parvient pas, en revanche, si elle dénie la menace ou l'ignore – c'est elle qui, comme de juste, finira par l'absorber et alors, oui, par la tuer.

Un soir, j'ai fait un rêve. Stéphane Mallarmé était dans le rêve. Mais un Mallarmé bizarre, insolemment moderne et qui, entouré de logiciels et dans un grand fracas d'intelligence, continuait de nourrir l'idée du livre fou, illusoire, qu'il occupa sa vie à essayer de programmer. Mémoire infinie. Science impeccable. Suprêmes artifices. Ce soir-là, Mallarmé écrivit le Livre.

EPILOGUE

VOILÀ.

Je suis, faut-il le préciser, plus attaché que quiconque aux grandes valeurs classiques de l'homme européen. J'y puise substance et raisons d'être. J'y fais provision d'idéal. Et je vis depuis trop longtemps dans l'intimité de ses livres pour retenir, ne fût-ce qu'en pensée, l'hypothèse de leur disparition. D'autant qu'en la matière, et, contrairement à l'heureuse conviction des Anciens qui croyaient que les sciences et les arts avaient été maintes fois oubliés puis inventés, je tiens pour acquis, moi, qu'il n'y a que des morts sans recours.

Simplement, je tiens pour également assuré que la défense et l'illustration de ces valeurs ne reposeront jamais sur les épaules d'une cléricature inconsolable, résolument non moderne et clamant à l'entour son veuvage. Je ne crois pas aux vertus du rétro. Je ne crois pas à l'efficacité des replis nostalgiques, académiques. Et si ce livre s'achève sur cette note inhabituellement optimiste, c'est que, dans l'affrontement qui, bientôt, opposera l'intelligence à ses ersatz, l'esprit à la sous-culture, rien ne me semblerait plus ruineux que de bouder sans combattre – et d'abandonner à de mauvais champions les estrades où, désormais, tout se joue.

L'époque, autrement dit, n'est pas à cette suave

clandestinité où d'aucuns nous convient. Nous ne sommes pas ces troglodytes, ni ces chrétiens des catacombes, ni même ces élus savourant en secret les ivresses d'une connaissance vomie par l'époque. Gai savoir. Lumières partagées. La saison s'y prête. Il est temps, encore, de livrer la bataille en plein jour.

Table

Dans Le Livre de Poche

Cahiers de l'Herne

Julien Gracq 4069

Julien Gracq, le dernier des grands auteurs mythiques de la littérature contemporaine. Par Jünger, Buzzati, Béalu, Juin, Mandiargues, etc. Et un texte de Gracq sur le surréalisme.

Samuel Beckett 4934

Mystères d'un homme et fulgurance d'une œuvre. Beckett est un auteur fascinant. Des textes de Cioran, Kristéva, Cixous, Bishop, etc.

Louis-Ferdinand Céline 4081

Dans ce Cahier désormais classique, Céline apparaît dans sa somptueuse diversité : le polémiste, l'écrivain, le casseur de langue, l'inventeur de syntaxe, le politique, l'exilé.

Mircea Eliade 4033

Appréhender l'homme à travers ses manifestations les plus singulières. Saisir les mystères de l'esprit, les raisons de ses fascinations pour le merveilleux ou l'inexplicable. Telles sont les voies sur lesquelles s'est engagé Mircea Eliade.

Martin Heidegger 4048

L'œuvre philosophique la plus considérable de ce siècle. La métaphysique, la pensée de l'Être, la technique, la théologie, l'engagement politique : rien ne manque au tableau de ce Cahier de l'Herne exceptionnel. Des intervenants prestigieux, des commentaires judicieux.

René Char 4092

Engagé dans le surréalisme et chef de maquis durant la seconde guerre mondiale, poète de la dignité dans l'épreuve et chantre de la fraternité des hommes, René Char confère à son écriture, au lyrisme incantatoire, le style d'un acte et les leçons d'un optimisme en alerte.

IMPRIMÉ EN FRANCE PAR BRODARD ET TAUPIN
Usine de La Flèche (Sarthe).
LIBRAIRIE GÉNÉRALE FRANÇAISE - 6, rue Pierre-Sarrazin - 75006 Paris.

ISBN : 2 - 253 - 04775 - 9 42/4094/1